Das Gesetz der Anziehungskraft

~DAS SAMMELBAND~

Erfolg & Fülle
Liebe & Beziehungen
Macht & Einfluss

von Greg Adenauer

Published in Canada

ISBN-13: 978-1523664252
ISBN-10: 1523664258

Der Autor hat bei der Erstellung dieses Buches versucht, so genau wie möglich zu sein. Trotz sorgfältigen Lektorats können Rechtsschreib – oder Grammatikfehler vorhanden sein. Während alle Versuche unternommen wurden, um die Angaben zu überprüfen, sollten die geäußerten Ansichten nicht als Expertenanleitung angesehen werden. Der Leser ist für sein eigenes Handeln verantwortlich.

Inhaltsverzeichnis

Einführung

Erfolg und Fülle

Genießen Sie es bereits, in ihrem Denken über das Gesetz der Anziehungskraft in der vordersten Reihe zu sein? Sind Sie einer der Anhänger des Gesetzes der Anziehungskraft, die immer auf der Suche sind nach dem nächsten Teil der Informationen, dem noch fehlenden Puzzleteil, das es Ihnen ermöglicht, all das an sich zu ziehen, was Sie in Ihrem Leben haben möchten?

Wenn ja, dann werden Sie wahrscheinlich dieses Buch über das Gesetz der Anziehungskraft im Zusammenhang mit dem Erfolg und der Fülle lieben. Für diejenigen, denen diesbezüglich das Gesetz der Anziehungskraft ganz neu ist, beinhaltet dieses Buch einen kurzen Überblick.

In diesem Buch werden die am besten gehüteten Geheimnisse über das Gesetz der Anziehungskraft bearbeitet, so dass Sie damit beginnen können, die Art von Erfolg und Fülle in Ihrem Leben an sich zu ziehen, die Ihnen zusteht.

Wir werden 11 Geheimnisse aufdecken, die in der allgemein bekannten Literatur über das Gesetz der Anziehungskraft und auch in dem Film „Das Geheimnis" weggelassen wurden. Eines der größten Geheimnisse überhaupt, das in dem Film weggelassen wurde, ist eigentlich eine Person - Esther Hicks.

Wenn Sie in einem Buch all diese Geheimnisse zusammenfassen, dann ist das, was Sie letztendlich haben, eine kraftvoll konzentrierte Formel, die es Ihnen ermöglicht, all das zu manifestieren, was Sie in Ihrem Leben haben wollen, und das so leicht und mühelos wie nie zuvor.

Jedes einzelne dieser Geheimnisse könnte das fehlende Teil des Puzzles für Sie sein! Die Herausforderung hinsichtlich der Bemühungen, sich gegenseitig darin zu helfen, dass das Gesetz der Anziehungskraft wirkt, liegt darin, dass es keine einheitliche Formel für jedermann gibt. Mit anderen Worten: Das, was einer Person helfen kann, ist nicht automatisch hilfreich für eine Andere. Wir alle unterscheiden uns und es gibt daher auch keine universelle Lösung für jedermann.

Sie müssen herausfinden, was Ihr fehlendes Puzzleteil ist oder welches dieser Geheinisse der Schlüssel ist, der Ihnen die Tür zu Wohlstand, Erfolg und Reichtum öffnet.

Die Chance liegt darin, dass eines dieser 11 Geheimnisse der Schlüssel zu ihrem persönlichen Erfolg sein wird!

Lassen Sie uns also mit einer kurzen Einführung in das Gesetz der Anziehungskraft beginnen.

Das Gesetz der Anziehungskraft

Das Gesetz der Anziehungskraft ist das mächtigste Gesetz des Universums. Im Grunde besagt es: „Gleiches zieht Seinesgleichen an“ und „es wird das angezogen, was einem selbst entspricht“. In dem Umfeld des Gesetzes der Anziehungskraft gibt es durchaus auch ein paar Konzepte, die von deren Kritikern als esoterisch bezeichnet werden. Diese Überzeugungen beinhalten den Grundgedanken, dass selbst Umstände, Ereignisse und andere Menschen von unseren Gedanken angezogen werden und dass sie dann auch noch mehr Gedanken anziehen, die diesen ähnlich sind.

Unter all diesen Überzeugungen, bezüglich des Gesetzes der Anziehungskraft, finden wir auch andere Konzepte über Vibrationen und Frequenzen. So geht es bei den Gedanken über die Vibration darum, dass alles schwingt, einschließlich unserer Gedanken. Die Frequenz ist die Rate oder die Geschwindigkeit, in der Dinge und Gedanken vibrieren.

Die Idee liegt darin, dass wenn Sie nach etwas Verlangen haben in ihrem Gedanken, und das dann ein reiner Gedanken ist, der dem Universum angeboten wird, dann werden Sie erhalten um was Sie gebeten haben. Der nächste Schritt, den Sie tun müssen, ist, das zuzulassen, was sie haben wollen, oder, um es anders auszudrücken, die Schwingungsfrequenz von dem, was sie haben wollen, aufrecht zu erhalten, so dass es zu Ihnen kommen kann.

Es gibt viele andere Konzepte und Ideen rund um das Gesetz der Anziehungskraft. Diejenigen, die die größten Geheimnisse sind, werden in diesem Buch bearbeitet.

Bei dem Glauben im Bezug auf das Gesetz der Anziehungskraft geht es darum, dass jeder sein, tun und haben kann, was er will, wenn er sich einfach einstellt auf die Frequenz von dem, was er im Leben haben möchte. Es beinhaltet auch die Überzeugung, dass nichts unmöglich ist und das jeder von uns schöpferische Fähigkeiten hat und daher auch jeder, der Erfolg und Fülle im Leben haben will, das auch haben kann.

Die Konzepte sind sehr verlockend und viele Menschen haben diese Prinzipien angewendet, um das zu bekommen, was sie im Leben erreichen wollen. Aber die meisten von Ihnen haben große Schwierigkeiten damit, das Gesetz der Anziehungskraft so einzusetzen, dass es für sie persönlich funktioniert.

Der Grund dafür, dass es so schwierig sein kann es

umzusetzen, liegt darin, dass es eine Reihe von Geheimnissen gibt, die der Öffentlichkeit vorenthalten wurden. Diese Geheimnisse werden in diesem Buch behandelt.

Beginnen wir mit der Neudefinition der Begriffe Erfolg und Fülle.

Erfolg und Fülle

Woran denken Sie, wenn Sie über „Erfolg“ nachdenken? An wen denken Sie dann? Denken Sie an bekannte oder berühmte Persönlichkeiten, oder haben Sie andere, weniger bekannte Personen im Sinn, die aber glücklicher sind als jede Berühmtheit?

Das Problem dabei ist, dass viele Menschen, die in unserer Gesellschaft gerne als sehr erfolgreich bezeichnet werden, zwar in ihrer Karriere erfolgreich sein können, aber ihr Leben daheim ein einziges Chaos ist. Oder sie nehmen Drogen, weil sie eventuell versuchen, dem Druck gerecht zu werden und den Mangel an Privatsphäre zu kompensieren. Sie haben wahrscheinlich schon von Prominenten gehört oder gelesen, die Drogen oder Alkohol missbrauchen, um mit all dem fertig zu werden.

Würden Sie diese Art von Prominenten als erfolgreich bezeichnen? Was wir brauchen ist eine neue Definition von Erfolg. Folgende Definition ist zutreffender:

Erfolg ist eine leidenschaftliche, bemerkenswert progressive Dynamik, die jeder haben sollte, um die Ziele zu erreichen, die einen hohen Wert haben.

Wenn Sie Erfolg auf diese Weise definieren, dann kann jeder über Nacht erfolgreich werden! Diese Definition konzentriert sich auf den Weg zum Erfolg und macht diesen zu einem wichtigen Teil davon. Was bei dieser Definition am meisten zählt ist, dass Sie glücklich, motiviert und leidenschaftlich sind, während sie auf dem Weg sind, dieses Ziel zu erreichen. Das ist die beste Definition von Erfolg.

Bei der Fülle geht es nicht nur um Geld – wobei da nichts Falsches bezüglich des Geldes ist. Das Wort Fülle ist eine gute Beschreibung für all das, was Sie wollen und das betrifft eben nicht nur das Geld. Die meisten von uns wollen ein erfülltes Leben haben, in dem wir alles haben können, was wir wünschen. Wir wollen eine Fülle von Geld, eine Fülle in den Liebesbeziehungen, eine Fülle von Freunden und gute Gesundheit usw. Die Fülle kann all das beinhalten, was wir wollen. Es kann auch in Bezug auf unsere Gefühle sein, wie zum Beispiel eine Fülle von Freude oder Glück.

Geld ist nur ein Teil dieser Fülle.

Viele von uns haben das Gefühl, dass sie nicht die Fülle in ihrem Leben haben. Wenn wir uns aber das Universum anschauen, dann können wir feststellen, dass es viele Dinge gibt, die uns zeigen, dass wir in einem reichhaltigen Umfeld leben. Es gibt immer eine Fülle von Sonnenschein auf unserem Planeten, einer Fülle von

Wasser, eine Fülle von Pflanzen, Tieren, Sauerstoff und vielem mehr. Der Punkt ist, dass jeder von uns in unsere Welt schauen und eine Fülle sehen kann, unabhängig davon, wie Ihre persönlichen Umstände gerade aussehen.

Wenn Sie also mehr Erfolg und Fülle in Ihrem Leben haben wollen, dann gibt es da 11 Geheimnisse beim Gesetz der Anziehungskraft, die Sie kennen sollten.

Lassen Sie uns mit einem der größten Geheimnisse beginnen, nämlich mit dem Verständnis der „Vibration".

Geheimnis Nr.1: Es geht um die Vibration

Eines der wichtigsten Geheimnisse in Bezug auf das Gesetz der Anziehungskraft ist, dass alles Energie ist und alles schwingt. Es mag nicht wie ein weltbewegendes Konzept klingen, aber dem ist so - vor allem, wenn man bedenkt, dass alle Experten, die sich mit dem Gesetz der Anziehungskraft befassen, der Meinung sind, dass selbst unsere Gedanken hinaus in das Universum schwingen.

Einstein erkannte das Phänomen, dass „Energie = Masse in Bewegung" ist (in seiner Formel $E = mc^2$). Mit anderen Worten gesagt heißt das: im mikroskopischen Bereich des Lebens ist jede Masse eigentlich eine vibrierende Kugel, die aus subatomaren Teilchen besteht. Aber es ist noch ein weiterer Schritt zu sagen, dass sogar unsere Gedanken eine Energie sind, oder dass sie vibrieren.

Das ist jedoch das große Geheimnis! In der

ursprünglichen Fassung des Buches „Denke nach und werde reich" von Napoleon Hill gab es eine ganze Reihe von Verweisen auf die Vibrationen, aber der Verleger filterte das heraus und verwässerte so die Fassung, die dann letztendlich so veröffentlicht wurde, wie man sie heute kennt. In der öffentlichen Version wurden alle Verweise auf Vibrationen herausgenommen.

Genauso wurden in dem Film „*The Secret*" *(Das Geheimnis)* alle Hinweise auf die "Vibration" herausgenommen. Warum hat man da so ein Problem mit diesem Begriff? Weil es aussagt, dass es fast schon ein übernatürliches Phänomen ist, das da in unseren Gedanken auftritt, wenn sie tatsächlich solch eine Macht haben. Grundsätzlich beschreiben der Film und die Bücher die Macht, die wir alle haben, um die Dinge ins „Sein" (in Existenz) zu denken, aber die Diskussion über Vibrationen sind die Brücke zwischen der wissenschaftlichen und der geistigen Welt.

Wenn es wahr ist, dass unsere Gedanken vibrieren und daher so mächtig sind, gibt es dann eine Grenze für diese Macht?

Was würde die Öffentlichkeit tun mit dieser Macht, wenn sie alle wüssten, dass sie diese haben?

Wäre diese Kraft dann noch steuerbar oder nicht?

Es ist leicht zu erkennen, warum die Machthaber vielleicht auch ein bisschen Angst davor haben, dass diese Informationen an die Öffentlichkeit gelangen.

Ein großer Teil unserer Gesellschaft ist von der Angst geprägt, vor allem auch durch unsere Nachrichtenmedien. Warum ist das so? Weil sie wissen, dass wenn sie die Zuschauer in einem Zustand der Angst halten, dann werden diese ständig an Ihren TV-Geräten hängen und auf bessere Nachrichten warten und so die Quote der Sender steigern. Daher liegt es definitiv nicht in deren Interesse, Sie über die Macht zu informieren, die in Ihnen steckt und mit der Sie Ihre eigene Realität schaffen können.

Die Art und Weise, wie das alles funktioniert, ist einfach gesagt: alles ist in Schwingung, es vibriert. Wir leben in einem Schwingungs-Universum. In der Theorie sieht es folgendermaßen aus: wenn Sie in ihren Gedanken sich mit etwas befassen, was Sie möchten, und Sie auch keinen Widerstand mit diesem Gedanken aufkommen lassen, dann werden Sie über das Universum das erhalten, worüber sie nachgedacht haben.

Aber das Problem liegt darin, dass viele von uns ständig Widerstände in den Gedanken aufkommen lassen und so doch nicht bekommen, was sie wollen. Was ist also dieser Widerstand in den Gedanken?

Wenn Sie zum Beispiel mehr Geld in Ihrem Leben haben wollen, Sie aber gleichzeitig ständig negative Glauben über das Geld haben, dann werden sie nicht in der Lage sein, es zu empfangen, obwohl sie diese „Anfrage“ an das Universum gestellt haben, weil letztendlich die Schwingungsfrequenz dafür viel zu niedrig ist.

So schwingt alles, und alles schwingt in einer bestimmten Frequenz. Wenn Sie eins sind mit dem, was sie wollen, und keinen Widerstand in ihren Gedanken aufkommen lassen, dann erhöhen sie die Frequenz von dem, was sie eigentlich haben wollen.

Die Vibrationen entsprechen ihren Emotionen. Je besser Sie sich fühlen, desto höher ist Ihre Schwingungsfrequenz. Je schlechter Sie sich fühlen, desto geringer wird die Schwingungsfrequenz sein.

Ihre normale Vibration bezeichnet man als Ihre „emotionale Haltung" oder Ihren „Schwingungssollwert" oder ihre „anbietende Schwingung". Es beschreibt einfach den Zustand, wie Sie sich die meiste Zeit fühlen.

Wir alle fühlen uns mehr von Menschen angezogen, die glücklich sind, oder etwa nicht? Die Wahrheit darin ist, dass Sie sich zu den Menschen hingezogen fühlen, die Sie durch ihre Schwingungen herausfordern. Es kann sein, dass ein super glücklicher Mensch sie sogar ärgert! Das ist eigentlich in dem Moment auch völlig in Ordnung für Sie, aber denken Sie ständig daran, dass es immer am besten ist, sich so gut wie möglich zu fühlen.

So ist es dann eigentlich ganz einfach. Bei der Vibration geht es wirklich darum, wie Sie sich fühlen - je besser Sie sich fühlen, desto höher ist Ihre Vibration. Das Universum hört nicht auf die von Ihnen verwendeten Wörter. Das Universum wird auf die Gefühle reagieren, die Sie aussenden, und es wird so antworten, wie es Ihren tatsächlichen Gefühlen entspricht.

Der echte Schlüssel dazu ist, den tatsächlichen Gefühlen über all diese Dinge auf den Grund zu gehen. So werden Sie dann in der Lage sein, Ihr Leben so zu verändern, dass mehr Erfolg und mehr Fülle darin enthalten sein werden.

Geheimnis Nr.2: Halten Sie sich nicht die Realität vor Augen

Der Grund für dieses Argument ist der, dass Ihre aktuelle Realität eigentlich „Schnee von gestern" ist, weil sie auf ihren alten Gedanken basiert, die Sie früher hatten. Wie kann das sein? Wenn Ihre Gedanken, Gefühle und Emotionen Ihre zukünftige Realität erschaffen, dann ist Ihre aktuelle Realität das Ergebnis Ihrer alten Gedanken, Gefühle und Emotionen.

Warum sollten Sie sich das dann ständig vor Augen halten? Das ist der Grund für diesen Rat: „Halten Sie sich nicht die Realität vor Augen. Erschaffen Sie diese!"

Die Veränderung ist konstant und alles um Sie herum ist in einem ständigen Zyklus der Veränderung. Viele von uns erschaffen die gleiche Sache immer und immer wieder aufs Neue, weil es einfacher ist, den Blick nicht von unserer aktuellen Wirklichkeit abzuwenden und so in einem ewigen Kreislauf stecken zu bleiben. Mit anderen Worten: wenn Sie die Art und Weise, wie Sie Dinge betrachten, nicht verändern, dann wird sich nichts ändern.

Eines der wichtigsten Geheimnisse bei den Gesetzen der Anziehungskraft ist, sich dazu zu entscheiden, glücklich zu sein – egal wie die Realität auch aussieht wo auch immer Sie sich selbst in Ihrem Leben gerade sehen. Seien Sie einfach unabhängig von ihrer Realität glücklich!

Warum?

Wenn Sie sich schlecht fuhlen über ihre momentane Lebenssituation, dann werden Sie gemäß dem Gesetz der Anziehungskraft immer wieder die gleiche Realität erschaffen, die zu diesen negativen Gefühlen geführt hat. Das Universum ist auf Zustimmung aufgebaut und wenn Sie sich schlecht fühlen, dann werden Sie gemäß der negativen Schwingungen mehr Dinge, Menschen, Umstände und Ereignisse in Ihr Leben ziehen, die genau das fördern.

Aber die gute Nachricht ist, dass dies natürlich auch für das Gegenteil zutrifft. Wenn Sie sich die meiste Zeit über gut fühlen, dann werden Sie die Dinge, Menschen, Umstände und Ereignisse in Ihrem Leben anziehen, die den guten Schwingungen entsprechen.

Wenn Sie also erfolgreich sein wollen, dann sollten Sie sich erfolgreich fühlen. Wenn Sie Überfluss haben wollen, dann denken und fühlen sie sich so, als wenn Sie diesen schon haben. Das ist die Funktionsweise des Gesetzes der Anziehungskraft.

Aber das ist natürlich viel leichter gesagt als getan.

Wir neigen dazu, gemäß unserer Gewohnheit zu handeln, und die meisten von uns haben gelernt, der Realität ins Auge zu sehen, anstatt zu lernen, wie man diese erschafft. Es ist einfacher unsere Realität anzusehen und entsprechend zu reagieren. Aber der Trick dabei ist, mit der Realität zufrieden zu sein und so die negativen Gefühle zu vermeiden. Dann haben Sie die Möglichkeit, ihre Gefühle dahin zu lenken, dass Sie sich so fühlen, als ob sie schon das erreicht haben, was sie wollen.

Wenn Ihr Glück von etwas abhängt, was nicht in Ihnen selbst liegt, dann hängt das immer von gewissen Bedingungen ab. Was dabei geschieht ist, dass Sie sich selbst diesbezüglich entmachten, das heißt: Sie übergeben irgendjemandem oder irgendetwas die Entscheidung, ob Sie glücklich sind oder nicht.

Daher ist es so wichtig, dass Sie glücklich sind - und zwar ganz unabhängig von allem! Seien Sie glücklich, denn es fühlt sich gut an, glücklich zu sein - und aus keinem anderen Grund!

Die Art und Weise, wie Sie Ihre Realität erschaffen ist: Konzentrieren, konzentrieren, konzentrieren! Konzentrieren Sie sich auf das, was Sie in Ihrem Leben haben wollen, und lassen Sie sich nicht von anderen davon abhalten oder entmutigen, Ihren eigenen Träumen zu folgen.

Sie haben die Möglichkeit, das zu sein, zu tun und zu haben, was Sie wollen, und Ihre Realität so zu erschaffen, wie Sie es mögen. Sie verdienen es, totalen und absoluten Erfolg und ein Leben in Fülle zu haben, und das in jeder Hinsicht.

Eine weitere, sehr wertvolle Sache, die Sie im Leben erfahren haben, ist der Kontrast, den wir als nächstes bearbeiten möchten.

Geheimnis Nr.3: Der Kontrast

Ohne Kontrast würde es in der Fotografie keine Fotos geben! Genauso würden Sie ohne den Kontrast in Ihrem Leben - das heißt ohne all die „schlechten Dinge", die Ihnen auf Ihrer Reise des Lebens begegnet sind - nicht in der Lage sein, eine Zukunft zu erschaffen, die so voll von den hellen, wunderbaren und „echten“ Dingen ist, wie Sie es haben wollen.

In dieser Beschreibung steht der Kontrast für all die Dinge, die Sie **nicht** wollen. Durch den Kontrast können Sie festlegen, was Sie genau möchten. Ohne den Kontrast im Leben würden das Universum und Sie nicht weiter wachsen und expandieren. Und das ist der Grund, warum unsere Lebenserfahrung so wichtig ist!

Anstatt diese also zu verurteilen, sollten Sie dankbar dafür sein. Wenn Sie zum Beispiel eine sehr schwierige

Beziehung mit einem Partner hatten und sich ihre Wege getrennt haben, dann seien Sie dankbar für die kontrastierende Erfahrung, denn jetzt wissen Sie wesentlich genauer, welchen Partner sie haben wollen.

Ein weiteres Beispiel ist Ihre finanzielle Situation. Wenn Sie darunter leiden, dass Sie zu wenig Geld haben, dann wissen Sie aufgrund dieser Erfahrung, dass Sie jetzt alles daran setzen, um das Gegenteil zu erreichen. Je mehr Sie mit dem Geldmangel zu kämpfen haben, desto größer ist Ihr Potenzial, um das genaue Gegenteil davon zu schaffen.

Das ist der Grund dafür, warum es den Experten, die sich mit dem Gesetz der Anziehungskraft befassen, finanziell so gut geht. Neale Donald Walsh, der Autor des Buches „*Gespräche mit Gott*" war obdachlos und musste aus Mülltonnen essen. Jetzt ist er ein berühmter Autor und hat sogar seinen eigenen Film gedreht. Ein weiteres Beispiel ist das von Dr. Joe Vitale. Bevor er das Gesetz der Anziehungskraft für sich entdeckte, lebte er eine Zeit lang obdachlos in Dallas, Texas. Und jetzt ist er als Experte für das „Gesetz der Anziehungskraft" ein Multimillionär und hat fast schon einen Promi-Status.

Der Punkt ist, dass es sehr wichtig ist, dass Sie sich nicht von Ihrer Realität entmutigen lassen – egal wie sie aussieht!

Ein großartiges Beispiel dafür, wie Sie Ihre Realität ignorieren sollten, ist ein Mann namens Dr. Viktor E. Frankl. Er war ein österreichischer Neurologe und Psychologe, sowie ein Überlebender des Holocaust. Seine Geschichte ähnelt denen seiner Leidensgenossen im

Dritten Reich. Die Bedingungen in dem Konzentrationslager, in dem er gefangen gehalten wurde, waren schrecklich.

So bekam er zum Beispiel nur den Kopf eines Fisches in einer Schüssel mit Wasser als einzige Mahlzeit am Tag. Aber Viktor schaute gar nicht auf seine Realität. Stattdessen sah er die Schönheit des Fischkopfes, der ihm gegeben wurde, und wie wunderbar der geschaffen war. Seine Fähigkeit, nicht auf seine Realität zu schauen, sondern stattdessen die besseren Gefühle durch diese Wertschätzung zu fördern, hat bestimmt dazu beigetragen, dass er überlebt hatte.

Stellen Sie sich also nicht der Realität – erschaffen Sie diese!

Geheimnis Nr.4: Folgen Sie Ihrem eigenen Leitsystem

Ihr inneres Leitsystem, oder das emotionale Leitsystem, ist etwas, das jeder Mensch hat. Es ist die innere Weisheit, das innere Wissen, das gute Bauchgefühl oder auch die guten Instinkte, die wir alle haben. Ihr Leitsystem „spricht“ zu Ihnen, wenn Sie sich in einem Zustand des Friedens, der Ruhe und Ausgeglichenheit befinden, oder wenn Sie diese guten Gefühle haben, die noch stärker schwingen.

Die Wahrheit ist, dass die meisten von uns von Geburt an gelernt haben, unserem Führungssystem nicht zu vertrauen, da die Eltern und auch das ganze Schulsystem immer davon ausgingen, dass sie besser als wir selbst wussten, was gut für uns ist und was nicht. Und so haben wir nie die angeborene Fähigkeit weiter entwickelt, in uns selbst hinein zu hören, um unsere eigenen Antworten zu finden.

Einige von uns aber wussten schon als Kinder, wie sie auf ihre innere Stimme hören können, unabhängig davon, was die Eltern oder die Gesellschaft darüber gedacht haben. Aber in all diesen Fällen markierte die Gesellschaft sie als „Problemkinder“ oder als „rebellische Kinder“.

Die Gesellschaft als Ganzes verurteilt alle, die auf ihr eigenes inneres Leitsystem hören, wenn es gemäß deren Meinung noch zu früh im Leben passiert.

Was ist das eigentlich genau? Und wie treten wir damit in Verbindung, um genau das zu hören, was es uns sagt?

Ihr emotionales Leitsystem ist Ihre Verbindung zu Ihrem höheren „Selbst“. Es ist Ihr wahres „Ich“, oder Ihr „göttliches Ich“. Es ist der Teil von Ihnen, der in der nicht-physischen Welt lebt und Ihnen durch Ihre Emotionen eine ständige Rückmeldung über diese Verbindung gibt.

Wenn Sie sich also schlecht zu fühlen, dann sind Sie von Ihrem höheren „Selbst“ getrennt und Ihr Leitsystem lässt Sie das durch Ihre Emotionen erkennen.

Wenn Sie sich gut fühlen, dann ist Ihre Verbindung gut und es wird einfach für Sie, auf die innere Stimme zu hören.

Ihr emotionales Leitsystem gibt Ihnen ständig ein Feedback! Ihr höheres Selbst denkt ständig über die Dinge nach, an die Sie denken. Das mag seltsam erscheinen, aber das erklärt, warum wir uns manchmal so fühlen, als ob es da zwei Teile von uns selbst gibt, und dass diese Beiden manchmal auch miteinander kämpfen.

Ihr Leitsystem gibt Ihnen die ganze Zeit über wichtige Informationen und wenn Sie mal keine Lust haben, etwas zu tun, dann kann es sein, dass Ihr Leitsystem Ihnen so mitteilt, dass es noch zu früh ist, dies zu tun.

Lassen Sie uns als nächstes das Konzept des Aufschiebens im Detail betrachten.

Geheimnis Nr.5: Die wahre Bedeutung des Aufschubs

Die meisten von uns machen sich selbst Vorwürfe, wenn wir etwas aufschieben. Das Aufschieben wird allgemein als etwas Negatives angesehen und auch als ein Hinweis auf eine faule Person. Aber eigentlich bedeutet der Aufschub nur, dass Ihre Energie noch nicht im Einklang ist mit dem, was Sie zu tun haben. So ist in Wirklichkeit der Aufschub mehr eine gute Sache als eine Negative.

Wenn Ihr Ehepartner Sie also damit nervt, dass Sie etwas tun sollen, dann sagen Sie einfach: „Es tut uns leid, Schatz! Meine Energie ist damit noch nicht im Einklang!“ Aber die Benutzung dieses Ratschlages erfolgt natürlich auf eigene Gefahr!

Sie erhalten ständig Informationen und ein Feedback von Ihrem emotionalen Leitsystem. Wenn Sie also mal keine Lust haben, etwas zu tun, dann könnte das sehr wohl von Ihrer höheren Quelle kommen.

Es gibt viele Gründe, warum es zu früh sein kann, etwas zu tun. Es könnte möglicherweise nicht gerade eine gute Idee sein, oder Sie haben vielleicht nicht genug Informationen über die Aufgabe. Vielleicht hat das Universum auch einen Plan, ihnen Hilfe zukommen zu lassen, die aber noch nicht bereit ist.

Unabhängig davon müssen wir aufhören, uns selbst Vorwürfe wegen dem Aufschieben von Dingen zu machen, denn normalerweise ist das Aufschieben eher etwas Gutes als etwas Schlechtes.

Es wird zur richtigen Zeit dieser Moment kommen, an dem Ihre Energie vollständig mit der Aufgabe, die Sie tun müssen, im Einklang ist und dann werden Sie sanft und mühelos die Arbeit erledigen. Und das nur, weil Sie gewartet haben, bis der beste Zeitpunkt gekommen ist, diese Maßnahmen zu ergreifen, anstatt zu versuchen, das Problem zu lösen, obwohl Sie es gar nicht wollten.

Es fühlt sich auch viel besser an, eine Aufgabe zu erledigen, wenn Sie es tun wollen und nicht tun müssen. Achten Sie also auf Ihre innere Führung und lassen Sie Ihr Leitsystem seine Arbeit tun.

Die andere Sache ist die, dass es manchmal auch mit unserem Glauben zusammenhängt und darin der Grund liegt, warum wir etwas aufschieben. Wenn das der Fall ist, dann liegt die Lösung darin, dass Sie Ihren Glauben mit einem besseren Gefühl in Verbindung bringen, so dass

Sie jedem Widerstand vorbeugen, den Sie haben könnten.

Nehmen wir zum Beispiel an, dass Sie ein Buch schreiben wollen. Und gehen wir davon aus, dass Sie das Schreiben immer noch vor sich her schieben. Was hindert Sie wirklich daran? Liegt es daran, dass Sie noch weitere Informationen benötigen oder ist es eine innere Überzeugung, die Sie davon abhält?

Wenn Sie glauben, dass Sie als Schriftsteller nicht gut genug sind, oder dass das Buch perfekt sein muss, dann ist es vollkommen egal, wie lange Sie es vor sich herschieben – Sie werden nie das Gefühl bekommen, dass Ihre Energie im Einklang mit dem Schreiben des Buches ist.

In diesem Fall wäre das Beste für Sie, wenn Sie sich darum bemühen, durch entsprechende Aussagen Ihren Glauben zu verändern und so zu einem besseren Gefühl zu verhelfen – so werden sie der Überzeugung entgegen wirken, die sie dazu bringt, es aufzuschieben.

Das Gefühl, etwas aufschieben zu wollen, sagt Ihnen, dass es entweder am besten ist, zu warten, oder dass Sie eine negative Überzeugung haben, die Sie erst einmal loslassen müssen.

Geheimnis Nr.6: Wunsch gegen Glauben

Das 6.Geheimnis zum Erfolg und zur Fülle ist das Verständnis über das Zusammenspiel zwischen dem Verlangen und dem Glauben. Wenn Ihr Verlangen stark genug ist, dann wird es jeden negativen Glauben überwinden.

Zum Beispiel gab es da eine Frau, deren Baby unter ihrem Auto eingeklemmt war. In diesem Moment war das Verlangen der Mutter so stark, ihrem Kind zu helfen, dass sie nicht einmal Zeit hatte, um über ihre Überzeugung nachzudenken, dass das Auto viel zu schwer für sie war. So war sie in der Lage aufgrund ihres starken Verlangens das Auto zu bewegen und ihr Kind raus zu holen. Das Interessante an Ihrem Verlangen ist, dass man es nicht unterdrücken kann. Man kann es verleugnen oder verdrängen, aber man kann es nicht stoppen. Es gibt da diejenigen, die Sie glauben lassen wollen, dass Ihr Verlangen falsch ist – das ist leider ein Fehler der Menschheit. In der Regel wollen diejenigen, die so denken, Sie auch auf die eine oder andere Weise kontrollieren.

Und es gibt sogar einige Religionen, die lehren, dass das Verlangen falsch ist. Was diese also wollen ist, dass Sie aufhören nach irgendetwas Verlangen zu haben.

Aber die Ironie darin ist, dass der Wunsch, kein Verlangen zu haben, selbst wiederum ein Verlangen ist!

Das andere Geheimnis beim Gesetz der Anziehungskraft ist, wie mächtig Überzeugungen sind. Die Art und Weise, wie die Realität funktioniert ist, dass wir alle diese geistigen Wesen sind, die eine menschliche Existenz haben und die Realität unserer Welt auf der Grundlage unseres Glaubens erschaffen.

Das ist der Grund, warum so viele Religionen dieser Welt denken, dass sie die einzig richtigen sind! Jede erschafft sich ihre Realität. Wenn Sie glauben, dass Ihre Religion die einzig wahre Religion ist, dann ist es das was sie sehen wollen. Wenn Sie glauben, dass es keinen Gott gibt und Sie daher vom Atheismus überzeugt sind, dann ist es auch genau das, was Sie sehen. Wenn Sie nicht an Wunder glauben, dann werden Sie diese auch nicht sehen! Wenn Sie an Wunder glauben, dann werden Sie diese sehen.

Wir alle tun es.

Lassen Sie uns nun darüber sprechen, wie wir unsere Gefühle kontrollieren.

Geheimnis Nr.7: Kontrollieren Sie Ihre Gefühle

Das Universum hat ständig Ihre Vibrationen, also Ihre Gefühle im Blick – genau das sollten Sie auch tun. Ihre Fähigkeit, das in Ihrem Leben zu manifestieren, was Sie haben wollen, hat alles mit Ihrem Schwingungs-Sollwert und Ihrem normalen emotionalen Gleichgewicht zu tun.

Anhand von Ihren Gefühlen kann man feststellen, ob das, was Sie in Ihrem Leben haben wollen, auch tatsächlich kommt. Wenn Sie sich wohl fühlen, dann werden die Dinge nach und nach „durchsickern" und alles, was Sie wollen, wird Ihnen in Kürze widerfahren. Wenn Sie sich aber schlecht zu fühlen, dann drängen Sie sich selbst aus der Quelle der Energie und Sie halten dadurch zumindest vorübergehend die guten Dinge auf.

Das Gesetz der Anziehungskraft ist die ganze Zeit

über am Arbeiten und es wird Ihnen Gedanken, Umstände, Ereignisse und Menschen schicken, die Ihrem Schwingungs-Sollwert entsprechen. Deshalb ist es so wichtig, sich gut zu fühlen und zwar so oft wie möglich!

Das Problem, das die meisten von uns in Bezug auf das Manifestieren von Erfolg und Fülle in unserem Leben haben, ist, dass wir dazu neigen, nicht einmal zu merken, wann wir uns nicht so gut fühlen. Wir können uns so sehr daran gewöhnt haben, uns nicht gut zu fühlen, dass wir es als normal empfinden, sich schlecht zu fühlen.

Aus diesem Grund ist es wichtig, Ihre Gefühle zu beobachten und systematisch zu hinterfragen, wie Sie sich fühlen. Es ist fast so, als ob Sie die Fähigkeit entwickeln, außerhalb von sich selbst zu stehen und objektiv zu schauen, wie es Ihnen geht.

Fragen Sie sich selbst immer wieder im Lauf des Tages, wie Sie sich fühlen. Wenn Sie merken, dass Sie sich nicht gut fühlen, dann fragen Sie sich, woran Sie gedacht haben und was dieses schlechte Gefühl ausgelöst hat. Welche Gedanken hatten Sie, die Sie dazu gebracht haben, diesen negativen Weg in Ihren Gefühlen einzuschlagen?

Wenn Sie herausgefunden haben, was passiert ist und welche Gedanken Sie runter gezogen haben, dann ist der nächste Schritt der, dass Sie wieder darüber nachdenken und durch Ihre Fähigkeit, sich auf das Gute zu konzentrieren, diese negativen Gedanken deaktivieren.

Manchmal können Sie einen großartigen Tag haben und sich wirklich gut fühlen, aber ganz plötzlich geschieht etwas oder Ihnen fällt etwas auf, was einen negativen Gedanken auslöst. Wenn Sie diesem Gedanken nicht gleich entgegen wirken, dann machen Sie sich durch das Gesetz der Anziehungskraft selbst empfänglich für weitere negative Gedanken. Und so kann eine Abwärtsspirale in Gang gesetzt werden.

Wann immer das also ausgelöst wird, fangen sie gleich damit an, entsprechend damit umzugehen. Nehmen wir mal an, dass Sie eine Stromrechnung erhalten haben und die ist viel höher ausgefallen, als Sie dachten. Diese höhere Rechnung ist dann Ihr Auslöser. Wenn Sie Ihre negativen Gedanken nicht sofort „gefangen“ nehmen und kontrollieren, dann werden Sie damit beginnen, diesen negativen Weg zu gehen und die Spirale zieht Sie weiter nach unten, bis Sie sich entscheiden, es zu stoppen.

Diese Stromrechnung könnte alle Art von weiteren negativen Gedanken und Gefühle im Zusammenhang mit Ihrem Geld auslösen. In der Regel kommen in solchen Momenten dann auch Gedanken wie zum Beispiel: „Ich scheine nie in der Lage zu sein, diesbezüglich weiter zu kommen. Es sieht ganz so aus, als ob ständig etwas dazwischen kommt, was mir das angesparte Geld wieder raubt. Es ist nicht fair, dass diese Energiegesellschaft jedes Mal die Preise so sehr anhebt.

Ich frage mich, wer in meiner Familie eigentlich so viel Strom in diesem Monat verbraucht hat?“

Wenn dies passiert, dann gäbe es eine Menge von negativen Überzeugungen, was das Geld angeht, die bereinigt werden sollten. Aber es ist wirklich nicht so schwer, negative Gedanken und Gefühle zu bereinigen - auch wenn es dabei um die Zahlung einer Rechnung geht, die höher ausgefallen ist als erwartet.

Sie könnten zum Beispiel sagen: „Es ist in Ordnung, dass diese Rechnung höher ist. Ich weiß, dass wir unsere Klimaanlage mehr als sonst in diesem Monat benutzt haben. Es ist in Ordnung. Wir haben dafür die kühle Luft im Haus genossen! Ich kann es mir leisten. Und ich habe eigentlich genug Geld, um dafür zu bezahlen."

Je mehr Sie lernen, sich selbst zu beruhigen und so besseren Gefühlen Raum schaffen, des besser ist es für Sie! Je schneller Sie das tun können, desto besser! Mit anderen Worten: beobachten Sie sich selbst und finden Sie heraus, welche Herausforderungen Sie zu meistern haben und dann geben Sie Ihr Bestes, um diesen auf eine positive Art und Weise zu begegnen. Reden Sie sich selbst weg vom Abgrund.

Das Universum hört nicht auf die Worte, die Sie verwenden. Das Universum hört darauf, wie Sie es meinen und wie Sie sich fühlen. Deshalb sollten Sie täglich sich selbst durch positive Aussagen motivieren, aber es wird sich nichts ändern, wenn Sie selbst den positiven Aussagen nicht glauben. Viele denken automatisch so negativ, dass sie es selbst nicht einmal merken. Es ist fast so, als ob man sich so sehr daran gewöhnt hat, dass man selbst nicht einmal merkt, dass man es tut.

Deshalb ist die Überwachung Ihrer Gedanken und Gefühle so wichtig.

Geheimnis Nr.8: Aufhören, diese eine Sache zu tun!

Es gibt eine Sache, die Sie nicht mehr tun sollten und das ist: **Sie müssen aufhören, zu jammern!**

Sie müssen damit aufhören, sich über irgendjemand oder irgendetwas zu beschweren, sei es ein Umstand, ein Ereignis, ein Unfall, eine unangenehme Situation oder irgendeine Person.

Der Akt des Klagens aktiviert noch mehr Dinge, über die Sie klagen können und dadurch werden wieder aufgrund des Gesetzes der Anziehungskraft noch mehr Dinge in Ihrem Leben auftreten, die Ihren klagenden Vibrationen entsprechen.

Esther Hicks sagt: „Andere mögen Ihre guten Gedanken über sie nicht verdient haben, aber Sie tun es!

Sie verdienen es, gute Gedanken über andere zu haben!"

Ist das nicht eine tolle Aussage, um diesen Punkt verständlich zu machen? Was es genau bedeutet ist, dass wenn wir uns über andere beschweren, dann verletzen wir tatsächlich uns selbst mehr, als wir es merken. Denn es bedeutet auch, dass wann immer Sie sich dazu entscheiden, sich über andere zu ärgern, dann trennen Sie sich effektiv von Ihrem inneren Wesen, oder anders gesagt, von Ihrem höheren Selbst.

Und so werden alle Intuitionen gestoppt. Ihr internes Leitsystem wird kurzzeitig abgeschaltet. Sie werden keinen Zugriff auf positive Gedanken, Gefühle oder Emotionen haben, wenn Sie sich über jemanden oder etwas beklagen.

Bei der Bemühung, den Wert des „sich nicht Beschwerens" zu erkennen, werden viele von uns darauf pochen, dass es doch eigentlich unser Recht ist, sich zu beschweren! Sie mögen daran denken, dass man doch gar nicht aufhören kann, sich über etwas zu beschweren! In einer bestimmten Art und Weise genießt man es sogar. Jeder auf Ihrem Arbeitsplatz beschwert sich! Die meisten Gespräche in der Kaffeepause gehen darum, sich über die Vorgesetzten zu beschweren. Muss man das wirklich aufgeben?

Die eigentliche Frage, die Sie stellen sollten ist: ist es das wert? Ist das ständige Reklamieren es wert, dass Sie all das aufgeben, was Sie schon immer haben wollten? Ist dieses Jammern und Beschweren das Geld, die Erfüllung der Liebe Ihres Lebens, das Auto oder das Haus Ihrer Träume wert? Lohnt es sich, dafür Ihr Glück und Ihren

Erfolg aufs Spiel zu setzen?

Ist es das wert?

Wenn es Ihnen schwer fällt, sich nicht zu beschweren, dann versuchen Sie erst einmal, nur eine Stunde durchzuhalten, ohne über irgendetwas zu klagen. Wenn Sie es eine Stunde lang durchgehalten haben, dann probieren Sie, es einen ganzen Vormittag über zu tun, dann einen Tag lang und dann eine Woche. Werden Sie so gut darin, sich nicht zu beschweren, dass es selbst anderen auffällt.

Wenn Sie damit beginnen, dies zu tun, dann werden sich Dinge bei Ihnen verändern. Und wenn Sie einen ganzen Monat ohne zu klagen geschafft haben, dann wird Ihr Leben bereits so viel besser sein, dass andere Notiz davon nehmen werden.

Dies ist ein weiteres, wichtiges Geheimnis im Zusammenhang mit dem Gesetz der Anziehungskraft. Erfolgreiche und erfüllte Menschen wissen, wie Sie damit umgehen können und Sie beherrschen es, in anderen das Gute zu sehen.

Das können Sie auch! Es erfordert nur etwas geistige Disziplin und die Konzentration darauf.

Geheimnis Nr.9: Manifestierende Gedanken

Beim Studium der Welt des Gesetzes der Anziehungskraft machen die Gedanken einen großen Teil der Diskussionen aus, weil die Gedanken mächtig sein sollen. Sie strahlen in das Universum hinaus und das Universum reagiert auf diese Gedanken und Gefühle gemäß dem Gesetz der Anziehungskraft und bringt Ihnen die Menschen, Umstände und Ereignisse, die in Übereinstimmung mit Ihrem Gefühl oder Ihren Gedanken sind.

Aber es geht noch etwas anderes geht vor sich.

Sind Sie bereit für einen weiteren wichtigen Leitgedanken? **Sie sind weniger der Schöpfer Ihrer positiven Gedanken und Ideen, sondern mehr der Empfänger dieser Gedanken und Ideen.**

Ihre eigentliche Aufgabe ist es nicht, die Gedanken

und Ideen hervorzubringen, die Ihnen das bringen was Sie wollen - Ihre Aufgabe ist es vielmehr, die Schwingungsumgebung zu schaffen, so dass Sie Zugang zu diesen Gedanken und Ideen haben.

Diese Gedanken und Ideen sind da draußen und warten darauf, dass Sie eine Verbindung herstellen. Das bedeutet letztendlich, dass Sie sich dahin bringen müssen, dass die guten Gefühle in Ihnen Raum gewinnen und Sie sich selbst damit an den Punkt bringen, an dem Sie die Gedanken und Ideen von Ihrem höheren Selbst oder vom Universum empfangen können.

Das klingt ein bisschen verwirrend für unseren Verstand. Betrachten Sie es mal so: Das Universum gibt Ihnen etwa 20 bis 30 Ideen pro Tag, wie Sie bekommen können, was Sie wollen. Und es tut dies auf den Weg des geringsten Widerstandes. Aber wenn Sie von Ihrem Leben frustriert oder wütend oder enttäuscht sind und sich dessen nicht wert fühlen, dann sind Sie nicht in der Lage, diese großartigen Ideen zu empfangen!

Aber wenn Sie sich entscheiden, sich gut zu fühlen, egal was los ist und sich dazu entscheiden, sich friedlich, ruhig und glücklich zu fühlen, dann werden Sie die Gedanken und Ideen empfangen können und das, was Sie wollen, erhalten.

Die Quelle der Energie gibt Sie nie auf. Sie wird nie sagen: „Okay, das war es! Wir haben es so oft probiert, die guten Dinge an diese Person abzuliefern, aber sie bringt immer noch ihre Vibrationen durcheinander! Genug ist genug!“

Das Universum oder die Quelle wird Sie niemals

aufgeben, aber Sie müssen verstehen, dass all das an das Gesetz der Anziehungskraft gebunden ist.

Es ist also Ihre einzige Aufgabe, sich in einem Zustand der guten Gefühle zu bringen, und das so oft Sie es nur verantwortungsbewusst tun können. Wenn Sie das tun, dann schaffen Sie eine Vibrationsumgebung, die Sie empfänglich macht für all die positiven Gedanken und Ideen. Wenn Sie dort ankommen, dann hören Sie auf Ihr Leitsystem. Wenn Sie den Drang verspüren, jemanden anzurufen, dann tun Sie das umgehend. Wenn Sie mit einer neuen Idee inspiriert werden, dann schreiben Sie diese auf und konzentrieren Sie sich auf sie.

Genauso wie ein Auslöser Ihnen negative Gedanken bescheren kann, so kann auch ein Auslöser gute Ideen hervorbringen. Nutzen Sie also Ihre eigene Methode, sich diese guten Gefühle zu schaffen.

Wie können Sie gleich jetzt anfangen, sich gut zu fühlen? Streicheln Sie Ihre Katze oder Ihren Hund. Rufen Sie einen positiv gestimmten Freund an, oder schauen Sie sich einen guten Film oder ein Spiel an. Machen Sie einen Spaziergang oder fahren Sie eine Runde mit dem Fahrrad. Gehen Sie ins Fitnessstudio oder zu einer Massage.

Tun Sie, was Sie können, um ein gutes Gefühl zu haben.

Sie wissen selbst, was das Beste für Sie ist.

Vertrauen Sie sich selbst.

Das Wichtigste für Sie ist, dass Ihre Schwingungen hoch genug sind, so dass Sie diese Impulse bekommen können.

Wie das funktioniert ist eigentlich nicht so wichtig. Wichtiger ist es, zu wissen, dass je besser Sie sich fühlen, desto besser sind Ihre Chancen, auf Ihr eigenes inneres Wesen zu hören. Je besser Sie sich fühlen, desto mehr Gedanken werden Sie haben, die Ihnen helfen, noch erfolgreicher und erfüllter zu werden. Je besser Sie sich fühlen, desto besser wird Ihr Leben werden.

Sie sind ein Sender und ein Empfänger der Frequenzen und die Kommunikation geschieht zwischen Ihrem physischen Selbst und dem höheren Selbst und dem Universum, und auch mit anderen nicht-natürlichen Wesen.

Alles was Sie tun müssen, um auf diesem hohen Niveau zu kommunizieren, ist, alles Ihnen Mögliche zu tun, um den guten Gefühlen in Ihnen Raum zu geben.

Deshalb kann man sagen, dass Sie nicht nur die Dinge in Ihrem Leben anziehen, sondern auch die Gedanken und Ideen. Sie sind ein Empfänger von Gedanken und Ideen.

So können die besten Antworten zu Ihnen gelangen, wenn Sie sich gut fühlen. Daher kommen großartige Ideen Ihnen dann in den Sinn, wenn Sie im Einklang sind mit dem wahren „Ich“.

Lassen Sie uns jetzt eine Methode betrachten, die Ihnen hilft, Ihre Vibrationen schnell zu erhöhen, so dass alles, was Sie wollen, sich auf den Weg zu Ihnen machen kann!

Geheimnis Nr.10: Sprechen Sie laut zu sich selbst!

Ein lautes Selbstgespräch zu führen ist nicht nur etwas für Verrückte – es kann auch etwas für Sie sein! Aber wenn Sie es tun, dann nur mit der Absicht und der Konzentration darauf, ein Rendezvous mit den Gedanken, Gefühlen und Emotionen ihres höheren Selbst zu haben.

Das ist wirklich wie eine Sitzung, in der Sie sich selbst anleiten. Was Sie tun sollen ist, dass Sie mit allgemeinen Aussagen des Wohlbefindens beginnen und dann immer mehr ganz gezielt Aussagen zu Ihren Gedanken und Zielen machen. Je mehr Sie da hinein kommen, desto mehr werden Sie versuchen, dieses gute Gefühl so viel wie möglich zu „melken". Mit anderen

Worten: reden Sie dann weiter und lassen Sie all die guten Gedanken aus ihrem Innersten heraus über ihren Mund fließen.

Natürlich sollten Sie allein sein, wenn Sie dies tun, so dass niemand auf die Idee kommt, dass Sie einen Psychiater brauchen. Der Vorteil des lauten Aussprechens ist, dass es für Sie dann viel einfacher sein wird, sich der Gedanken bewusst zu werden. Außerdem ist ein gesprochenes Wort viel mächtiger als eins, das nur im Kopf gedacht wird.

Solch eine Sitzung kann von 2 Minuten bis 30 Minuten dauern. Das einzige, was zu beachten ist, ist dass Sie dann aufhören, wenn Sie merken, dass Sie all die guten Ideen heraus geholt haben, die Sie in der Sitzung bekommen können.

Es wäre vielleicht gut für Sich, sich vorzustellen, dass Sie eine Rede vor 10 bis 100 Personen halten, bei der es sich nur um Ihr Leben dreht. Wenn Sie ein aufmerksames Haustier in der Nähe haben, wird es Ihnen bestimmt als Zuhörer dienen.

Hier ist ein Beispiel dafür, wie die Sitzung ablaufen könnte. Denken Sie daran: das Ziel dabei ist, sich gut zu fühlen und dabei immer bessere Ideen zu bekommen.

"Ich genieße es, das Gesetz der Anziehungskraft zu kennen und die Macht dessen, wer ich bin. Ich freue mich darüber, dass ich weiß, dass ich ein höheres, nicht physisches Selbst habe, das immer für mich da ist und mich bei jedem Schritt meines Lebens leitet. Ich liebe es zu wissen, wie es funktioniert und wie meine Gefühle in Übereinstimmung mit der Quelle meiner Energie arbeiten.

Ich liebe es zu wissen, dass meine Realität nicht unveränderlich ist und dass meine wahre Wirklichkeit bereits auf dem Weg ist. Ich liebe es zu wissen, dass alles, was ich jemals wollte, für mich da ist und dass alles, was ich dafür tun muss, ist, meine Energie damit auf eine Linie zu bringen, so dass ich es erhalte.

Ich freue mich auf all diese Dinge, die in meiner Zukunft kommen werden, aber ich weiß auch, dass es am besten ist, wenn ich jetzt schon das Gefühl habe, wie es sein wird, wenn es kommt. Und so wie ich es fühle, ist es wunderbar. Es fühlt sich großartig an, viel Geld zu haben. Es fühlt sich aufregend an, an all die Möglichkeiten zu denken, die ich jetzt habe, wenn das Geld in meiner Realität fließt.

Ich liebe es zu wissen, dass das Universum hat meine Rücklagen für alles hat. Ich liebe es zu wissen, dass ich jetzt gute Freunde und wunderbare Beziehungen anziehe.

Es fühlt sich wie eine Verbindung an und ich fühle diese Liebe allein schon bei dem Gedanken an all den Spaß, den ich mit so vielen tollen Menschen in meinem Leben haben werde und mit denen ich dies alles teilen kann. Und natürlich liebe ich auch meine Familie und es ist so aufregend zu sehen, wie sie alle davon profitieren, dass ich in der Verbindung zu meiner Quelle bin und die Fähigkeit habe, diese unendliche Fülle zu erschließen.

Ich liebe es, zu wissen, dass ich alles, was ich will, anziehen kann. Ich liebe mein neues Haus und mein neues Auto und ich liebe es, viel Geld zu haben, um

Menschen zu helfen, denen ich helfen will, oder um für gute Zwecke zu spenden. Ich liebe all meine physischen Manifestationen, weil ich jetzt weiß, dass an ihnen nichts Falsches ist! Die materielle Welt ist die am weitesten ausgedehnte Form der Energiequelle. Ich liebe es, das zu wissen.

Ich weiß, dass die materiellen Dinge nie dauerhaftes Glück bringen, aber es gibt so viel mehr in meinem Leben, über das ich glücklich sein kann und ich möchte diese Dinge nicht einfach nur besitzen. Ich will die Dinge empfangen, um so immer mehr zu erkennen, wie der kreative und köstliche Prozess stattfindet – vom Wunsch bis zur Erfüllung. Und das möchte ich genießen.

Ich liebe es zu wissen, dass ich jetzt im Einklang bin mit meinem höheren Selbst! Ich liebe es zu wissen, dass ich in jedem Moment eine neue Idee von meinem emotionalen Leitsystem bekommen kann! Ich liebe es, zu wissen, dass dies der Weg ist, wie ich damit in Verbindung bin und mich selbst so zu einem Empfänger der Informationen mache, die mein höheres Selbst mich wissen lassen will ...“

Wenn Sie damit fortfahren, auf diese Art und Weise zu reden, dann erhalten Sie Gedanken, die anfangen zu Ihnen zu kommen und die Ihre finanziellen Probleme lösen und Ihre Beziehungen und sogar auch Ihre Gesundheit verbessern werden.

Wenn Sie so mit sich selbst reden, können Sie mehr und mehr ins Detail gehen und sehen, was dann passiert. Wenn Sie zum Beispiel ein Geschäft haben, können Sie sagen: „Ich sehe mein Geschäft im Aufwind und in einer sehr guten Position. Ich weiß, dass mein höheres Selbst mich mit mehr Ideen bereichern wird, um mein Geschäft noch mehr zu verbessern. Ich ziehe viele zahlende Kunden an und mein Geschäft läuft super. Ich weiß, dass ich jetzt auf der richtigen Wellenlänge für neue Ideen bin, die in Bezug auf mein Geschäft zu mir kommen werden ..."

Was Sie dann tun können ist, Ihre verschiedenen Ideen im Detail zu erkunden. Achten Sie einfach darauf, was zu Ihnen kommt. Wenn Sie in dieser Schwingung sind, werden Sie begeistert darüber sein, wie viele Gedanken Ihnen in den Sinn kommen! Es scheint so, als ob man die Gedanken gar nicht schnell genug denken kann. Vielleicht sollten Sie auch einen Stift und Papier zur Hand haben, so dass Sie die Gedanken und Ideen, die zu Ihnen kommen, gleich aufschreiben können, weil es oft passiert, dass Ihre Energiequelle gleich eine ganze Tonne von Informationen auf einmal über sie entleeren wird! Es ist ein tolles Gefühl, wenn es passiert, aber man muss darauf vorbereitet zu sein!

Wenn Sie den Dreh raus haben, wie Sie das erhalten, dann werden Sie immer besser darin, zu sich selbst zu reden, um damit zu beginnen, Gedanken von Ihrem höheren Selbst zu erhalten.

Es ist wirklich eine Rede-Therapie für sich selbst! Dies ist eine wunderbare Technik, die Sie anwenden können, um alles zu bekommen, was Sie im Leben haben wollen. Wenn Sie dies tun, dann werden Reichtum und Geld damit beginnen, in Ihr Leben zu fließen und zwar aus Quellen, von denen Sie nie zuvor geträumt hätten und es wird dann sehr bald geschehen!

Geheimnis Nr.11: Die Kunst des Zulassens

Die Manifestation von dem, was Sie wollen, geschieht in drei Schritten. Schritt eins ist, dass Sie fragen. Schritt zwei ist, dass das Universum es Ihnen anbietet. Und alles, was Sie im dritten Schritt zu tun haben ist, es zuzulassen.

Das Zulassen ist eine ziemlich schwierige Sache für viele von uns, weil es auch beinhaltet, sich selbst dessen würdig zu fühlen und zu glauben, dass uns die Fülle auch zusteht. Dazu gehört auch das Loslassen des Verlangens nach dem, was Sie haben wollen oder auch das abhängig sein von dem, was Sie sich wünschen. Auch das fällt uns nicht immer leicht.

So wurde die Diskussion über das Zulassen im Zusammenhang mit dem Gesetz der Anziehungskraft so wichtig, dass man anfing, dies als die „Kunst des

Zulassens“ zu bezeichnen.

Es ist eine Kunst, denn es gibt keine festen Regeln, wie man es zu tun hat. Es ist weniger eine wissenschaftliche Vorgehensweise und vielmehr eine Kunst. Es hat auch mehr mit dem Zustand des Geistes zu tun.

Wie können wir dies also tun? Es passiert so oft, dass wir etwas aussprechen, was wir haben wollen, tatsächlich aber auf der Wellenlänge vibrieren, was wir nicht haben wollen. Zwei verschiedene Personen können genau dasselbe sagen, aber wenn die eine Person dies ohne ein Gefühl des Widerstands ausspricht, und die andere es zwar sagt, aber innerlich einen Widerstand dagegen zulässt, dann wird das Universum der ersten Person das geben, was sie will, und der anderen das, was sie nicht will!

Wenn Sie feststellen, dass Sie zum Beispiel so etwas wie Freiheit haben wollen, dann stellt sich für Sie die Frage, ob Sie mehr Vibrationen haben bei den Gefühlen des „frei seins“ oder vibrieren Sie mehr bei den Gefühlen des „gebunden seins“ und der Tatsache, dass Sie wirklich gerne von diesen Gefühlen der Bindungen frei sein möchten?

Dieser sehr feine Unterschied ist eines der größten Geheimnisse beim Gesetz der Anziehungskraft. Sie müssen fähig sein, zwischen den beiden verschiedenen Arten der Gefühle zu unterscheiden.

Es ist aber wirklich nicht so schwer, wie es klingt. Sie müssen sich einfach immer mehr dessen bewusst werden, wie Sie wirklich fühlen.

Sarkasmus ist ein gutes Beispiel hierfür. Wenn Sie etwas sarkastisch sagen, dann fühlen Sie tatsächlich das genaue Gegenteil von den Worten, die Sie verwenden. Wenn Ihnen also etwas Schlimmes widerfährt und Sie sagen: „Das ist schon in Ordnung", dann wissen wir alle, dass Sie nicht das meinen, was die Worte aussagen - Sie meinen das Gefühl, das Sie jetzt haben.

Denken Sie daran, dass das Universum nur auf das achtet, was Sie meinen, und nicht auf Ihre Worte.

Bei der Kunst des Zulassens müssen Sie das Gefühl entwickeln, sich zu entspannen und im Einklang mit den Dingen zu fließen, die Sie haben wollen. Wenn Sie so etwas wie „Wäre es nicht schön, wenn ..." sagen und dann genau angeben, was Sie wollen, dann ist das ein Weg, wie Sie Ihre Vibrationen dahin bringen, dass kein Widerstand zu dem da ist, was Sie möchten.

Hier ein gutes Beispiel dafür: „Es wäre so schön, wenn ich schon bald bei der Arbeit befördert werden würde?" oder „Es wäre so schön, wenn ich einen unerwarteten Scheck in der Post haben würde!" „Es wäre so schön, wenn ich die Liebe meines Lebens auf dieser Party treffen würde!"

Die Kunst des Zulassens ist genau genommen die Fähigkeit, das zu sagen, was Sie möchten, ohne dass da irgendein Widerstand dagegen da ist.

Fazit zu "Erfolg und Fülle"

Wir haben viele Punkte in diesem kurzen Buch zum Thema „das Gesetz der Anziehungskraft“ in Bezug auf Erfolg und Fülle bearbeitet. Wir sprachen über Vibrationen und Frequenzen, und wie wir ständig Sender und auch Empfänger von Nachrichten, Gedanken und Ideen sind. Wir sprachen über die Gabe des Kontrastes und dass dies tatsächlich eine wertvolle Sache ist. Wir sprachen über Ihr eigenes internes Leitsystem, wie und warum es unterdrückt wurde und wie Sie wissen können, wann es mit Ihnen kommuniziert.

Wir diskutierten das Hinausschieben und erkannten, dass dies oft eher eine gute als eine schlechte Sache ist! Wir sprachen über den Wunsch, der manchmal dem Glauben gegenübersteht und wie beide Dinge sehr mächtig sind, uns das, was wir haben wollen, zu ermöglichen oder zu verhindern. Wir sprachen darüber, wie Sie auf Ihre Gefühle achten sollten und wie das Universum nicht auf die Worte achtet, die Sie sprechen, sondern auf die Gefühle, die Sie haben.

Wir haben darüber gesprochen, wie wichtig es ist, sich nicht beschweren, denn es gibt keinen einzigen guten Grund, Ihre Vibrationen zu verringern. Wir sprachen darüber, dass Sie eher ein Empfänger von guten Gedanken und Ideen sind, die von Ihrem höheren Selbst kommen, als ein Sender. Wir diskutierten darüber, wie Sie eine Schwingungsumgebung für sich selbst schaffen, um diese Gedanken und Ideen von Ihrem höheren Selbst erhalten zu können.

Wir sprachen darüber, wie man zu sich selbst sprechen sollte und auch über die Bedeutung der bewussten Kontrolle über Ihre Gedanken, um den Weg zu ebnen für Ihr Bauchgefühl und Ihre Intuition.

Und letztendlich sprachen wir über den dritten Schritt in dem kreativen Prozess, der „Kunst des Zulassens".

Wir hoffen, dass zumindest eines dieser Geheimnisse des Gesetzes der Anziehungskraft Ihr fehlendes Puzzleteil ist, damit Sie das sein, tun und haben können, was Sie sich wünschen!

Möge Frieden, Segen, Erfolg und Fülle Ihnen gehören!

Einführung

Liebe & Beziehungen

Für uns Menschen sind Beziehungen wahrscheinlich der wichtigste Aspekt des Lebens, denn wenn wir andere Menschen nicht in unserem Leben hätten, dann würde dieser Planet ein sehr einsamer Ort zum Leben sein!

Sie könnten komplett gesund sein und alles Geld der Welt haben – doch was würde das nützen, wenn es außer Ihnen niemanden sonst auf der Erde geben würde? Wären Sie in der Lage, ganz allein glücklich zu sein?

Könnten Sie überleben, ohne dass jemand sonst auf dem Planeten wäre, um Ihnen zu helfen? Der Punkt ist, dass wir einander brauchen und Beziehungen für uns sehr wichtig sind.

Aber die meisten von uns haben alles über Liebe und Beziehungen aus den Versuchen und Irrtümern anderer gelernt, indem wir Menschen um uns herum beobachteten, wie zum Beispiel unsere Eltern, Freunde und andere Familienmitglieder. Als wir jung waren, haben wir gelernt, das Verhalten derer zu kopieren, denen wir vertrauten. So schufen wir uns ein Bild davon, wie man miteinander umgeht und wie man andere liebt.

Aber was wir nicht wussten war, dass vieles von der Art und Weise, wie wir gelernt haben zu lieben und mit anderen umzugehen, auf der Überzeugung unserer Eltern und der Familie basiert. Wenn also die Eltern zum

Beispiel überzeugt waren, dass man außerhalb der Familie niemandem trauen kann, dann haben wir anderen außerhalb des inneren Kreises unserer Familie auch nicht vertraut.

So dürfte es auch keine große Überraschung für uns sein, wenn wir erkennen, dass unsere Eltern beim Thema Liebe und Beziehungen einen großen Einfluss auf uns hatten. Ob man es wahrhaben wollte oder nicht, ist es doch mehr als wahrscheinlich, dass man als Kind sehr genau darauf geachtet hat, wie die Eltern einander behandelt haben und wie die Liebe gezeigt wurde oder auch nicht.

Von dem Moment unserer Geburt an sehnten wir uns danach, geliebt zu werden, und unsere Mütter haben uns ganz natürlich geliebt. Diese Zeit der intensiven Bindung und der Gefühle der Liebe war unsere erste Liebeserfahrung außerhalb der Gebärmutter unserer Mütter.

Aber als wir dann älter wurden, kamen wir zusätzlichen unter den Einfluss der Schule und der Lehrer, sowie der Klassenkameraden und der Freunde, die uns prägten. Auf der Reise unseres Lebens haben wir vermutlich viele Überzeugungen über die Liebe gehört, gesehen und angenommen, die für uns hilfreich waren oder auch nicht.

Als Sie dann älter wurden, gingen Sie tapfer in die Welt hinaus und "verliebten" sich in jemanden. Es fühlte sich höchstwahrscheinlich sehr glücklich und wunderbar an – wie auf Wolke sieben! Sie fühlten sich plötzlich so, als wenn alles im Leben eine Bedeutung hatte und dass

Sie nicht glücklicher sein könnten.

Aber dann - aus dem einen oder anderen Grund - hat Ihr Partner Sie verlassen. Vielleicht hat der Schmerz darüber Sie tief im Kern Ihres Wesens getroffen. Wie konnte etwas und jemand sich zuerst so richtig anfühlen und dann doch ganz falsch sein? Vielleicht haben Sie sich dann geschworen, dass Sie es nie wieder versuchen werden!

Aber nach ein paar Monaten oder ein paar Jahren haben Sie es wieder versucht. Die Zeit hatte dazu beigetragen, dass einige Dinge verheilt sind. Dieses Mal dachten Sie, dass Sie den „Richtigen“ finden und dann wieder glücklich sein werden.

So fanden Sie den nächsten "Richtigen"! Er oder sie war sogar noch besser als der oder die erste es war! So dachten Sie: „Wow, das erste Mal war es ein Fehler und jetzt bin ich mir sicher, dass dieser Partner der „Richtige“ ist".

Aber auch das ging zu Ende! Und es tat noch mehr weh, weil Sie wirklich gedacht haben, dass es dieses Mal der "Richtige" war.

Sie fingen an, sich selbst in Frage zu stellen.

„Liegt es an mir? Ich bin der gemeinsame Nenner hier! Warum sieht es so aus, als ob ich jedes Mal die gleiche Art von Männern oder Frauen anziehe?“

Kommt Ihnen das bekannt vor? Hat ungefähr so Ihr Liebesleben begonnen? Möchten Sie wissen, was wirklich los ist und wie Sie den Kreislauf stoppen können?

Dieses Buch wird Ihnen genau erklären, warum Sie gerade die Menschen in Ihrem Leben angezogen haben, die Sie angezogen haben. Aber noch wichtiger ist, dass es Ihnen zeigen wird, was Sie tun müssen, um das Gefühl in Ihnen selbst für eine gesunde, liebevolle Beziehung zu schaffen. Darüber hinaus erfahren Sie, wie Sie jede Art von Beziehung verbessern können.

Die Quelle dieser Informationen kommt aus der besten der besten Informationen über das Gesetz der Anziehungskraft. Wenn Sie noch nicht mit dem Gesetz der Anziehungskraft vertraut sind, dann wäre es gut, wenn Sie sich vor dem Lesen des Buch zuerst damit vertraut machen könnten, auch wenn eine kurze Beschreibung hier gegeben wird.

Wenn Sie alles in Ihrem Leben durch die Linse des Gesetzes der Anziehungskraft betrachten und anpacken, dann wird alles einfacher für Sie. Sie werden lernen, wie man sich selbst befähigt, so dass Sie mit einer Beziehung viel besser als je zuvor umgehen können.

Sie werden lernen, was zu tun ist und was Sie lassen sollten, um Ihren perfekten Partner für sich zu gewinnen, wenn Sie diesen nicht bereits haben. Sie werden lernen, wie Sie Ihre Liebe stark und lebendig halten können, wie man mit Streit und Problemen am besten innerhalb einer Beziehung umgeht, so dass Sie in der Zukunft Probleme umgehen können, und Sie werden wissen, wie Sie diejenigen behandeln sollen, die unerwartet in Ihr Leben treten.

Sie werden erfahren, womit Sie aufhören und was Sie tun sollten, um all Ihre guten Beziehungen zu halten und neue zu gewinnen. Darüber hinaus erfahren Sie, wie Sie vergangene Beziehungen komplett loslassen können, so dass Sie ganz da sind für Ihre aktuelle Beziehung.

Und schließlich werden Sie etwas über die wichtigste Beziehung erfahren, die Sie möglicherweise haben können, und es geht dabei nicht um Ihren Partner!

Wenn Sie alle Teile des Puzzles zusammen fügen, können Sie wirklich das haben, was man als die perfekte Beziehung für Sie definieren kann. In der Tat ist es viel einfacher, dies zu tun, als Sie jetzt wahrscheinlich denken, denn das Universum kennt alle Details von dem, was Sie wollen.

Über das Gesetz der Anziehungskraft informiert zu sein bringt den Vorteil, dass diese Informationen hier leichter zu verstehen und zu verdauen sein werden. Sie haben die Möglichkeit, alles zu sein, zu tun und zu haben, was Sie im Leben haben wollen, einschließlich der vollkommenen Liebe und eines beachtlichen gesellschaftlichen Lebens.

All das kann Ihnen gehören!.

Die Geheimnisse in Bezug auf das Gesetz der Anziehungskraft

Im Jahr 2006 machte der Film „The Secret“ (Das Geheimnis) das Konzept und die Idee hinter dem Gesetz der Anziehungskraft sehr bekannt und beliebt. Aber das Gesetz der Anziehungskraft („law of attraction“ oder kurz LOA) war schon viele Jahre davor Thema bei öffentlichen Diskussionen und es gab viele Experten, die bereits auf dem Gebiet der Selbsthilfe die entsprechenden Thesen unterrichteten.

Aber eine der ironischen und verblüffenden Tatsachen bei dem Film war, dass viele der Geheimnisse im Zusammenhang mit dem Gesetz der Anziehungskraft absichtlich weggelassen wurden!

Wenn Sie also noch nie zuvor das Gesetz der Anziehungskraft für Sie selbst haben arbeiten lassen, dann machen Sie sich keine Sorgen - es besteht eine sehr gute Chance, dass Sie es wie noch nie zuvor für sich arbeiten lassen, sobald Sie es völlig verstehen und die fehlenden Teile des Puzzles zusammenfügen werden.

Das erste Missverständnis ist, dass das Gesetz der Anziehung etwas ist, was Sie „tun" müssen, anstatt zu erkennen, dass es wie jedes andere Gesetz des Universums immer funktioniert - ob Sie es wollen oder nicht.

Zu sagen, dass man an das Gesetz der Anziehungskraft glaubt ist ungefähr so, als wenn man sagt, dass man an das Gesetz der Schwerkraft glaubt. Sie müssen nicht wirklich an das Gravitationsgesetz oder an das Gesetz der Anziehungskraft glauben - beide arbeiten trotzdem immer. Einer der attraktivsten Aspekte des Gesetzes der Anziehungskraft ist, dass Sie alles sein, tun und haben können, was Sie wollen, und dazu zählen auch der perfekte Partner und großartige Beziehungen.

Ohne sich mit einer Menge langweiliger Details befassen zu müssen finden Sie hier eine kurze Auflistung der Geheimnisse bezüglich des Gesetzes der Anziehungskraft, die in dem Film weggelassen wurden:

- Alles ist Energie, Vibrationen und Frequenzen. Ihre momentanen Gefühle werden hinaus in das Universum getragen und der einzige wichtige Moment ist Ihr „Jetzt". Ihr Anziehungspunkt ist immer in Ihrer momentanen Gegenwart.
- Sie haben in sich die Energiequelle und eine nicht-physische „Version" von sich selbst. Sie sind ein Teil von Gott, wie Dr. Wayne

Dyer es umschreibt.

- Sie haben ein inneres Leitsystem - oder auch Intuition oder Bauchgefühl genannt - das immer für Sie arbeitet. Anhand von Ihren Gefühlen wissen Sie, wann Sie mit Ihrem „höheren Selbst“ oder Ihrem inneren Wesen verbunden sind. Je besser Sie sich fühlen, desto höher ist Ihre Vibration und desto besser sind Sie mit der Energiequelle in Ihnen verbunden.
- Ihre Gedanken sind mächtig und je mehr Lust und Leidenschaft Sie mit einem Gedanken verknüpft haben, desto mächtiger ist dieser Wunsch. Aber widersprüchliche Gedanken schwächen die Ergebnisse.
- Der Glaube ist ein Gedanke, den Sie festhalten. Glaube übertrifft alles. Wenn Sie wirklich glauben, dass Ihnen etwas zusteht, dann bekommen Sie es und Sie werden das sehen, was Sie glauben.
- Erwartung ist ein leistungsfähiges Gefühl. Was Sie erwarten, das erhalten Sie.
- Der Kontrast oder die schlechten Dinge, die Sie in Ihrem Leben erlebt haben, helfen Ihnen tatsächlich das Universum zu erweitern aufgrund der Raketen des Begehrens, die wegen dieses Kontrastes aus Ihnen herausschießen. Der Kontrast ist in Ihrem Leben auch wertvoll, weil Sie dadurch

eine absolute Klarheit darüber bekommen, was Sie erreichen wollen.

- Es gibt keine Opfer - wir alle ziehen alles in unserem Leben an. Dies ist ein Grundprinzip des Gesetzes der Anziehungskraft, das wohl zuerst einmal am schwierigsten zu schlucken ist.

Eines der größten Geheimnisse in Bezug auf den Film „The Secret“ war eigentlich eine Expertin auf dem Gebiet des Gesetzes der Anziehungskraft namens Esther Hicks. Ursprünglich basierte der gesamte Film auf den Arbeiten von Esther und Abraham Hicks.

Aber aus rechtlichen Gründen wurde später der beste, geheime Lehrer auf diesem Gebiet aus dem Film geschnitten. Dr. Wayne Dyer, einer der Top 10 der spirituell einflussreichsten Menschen der Welt, geht zu Workshops von Esther. Das sollte Ihnen viel über die Macht der Information sagen, die von Esther stammen. Ein Großteil der Informationen, die in diesem Buch behandelt werden, stammen von Esther Hicks. Es gibt keine bessere Informationsquelle bezüglich des Gesetzes der Anziehungskraft.

Während wir das Thema Liebe und Beziehungen behandeln, werden wir auch all die feinen Nuancen und Ideen des Gesetzes der Anziehungskraft abdecken, da dies uns helfen wird, alles noch besser zu verstehen.

Es gibt eine sehr wichtige Frage, die Sie sich gleich zu Beginn stellen sollten und diese werden wir im nächsten Kapitel behandeln.

Die wichtigste Frage, die Sie sich stellen sollten

Die wichtigste Frage, die Sie sich stellen sollten ist:
Bitte einen Trommelwirbel!

"Welche Gedanken fühlen sich am besten an?"
Klingt zu einfach, oder?

Aber wenn Sie erkennen, dass es nichts Wichtigeres gibt, als dass Sie sich gut fühlen, dann wird es Ihnen klar sein, warum dies die wichtigste Frage ist, die Sie sich stellen können.

Bei jedem Anlass haben Sie die Wahl zwischen zwei Gedanken – einem, der gute Gefühle hervorbringt oder einem, der schlechte Gefühle bewirkt. Es ist daher wichtig, dass Sie immer die Gedanken wählen, die dazu führen, dass Sie sich besser fühlen.

Warum? Weil je besser Sie sich fühlen, desto besser

werden die Dinge für Sie werden. Eine der Ideen, die in dem Film „The Secret“ enthalten war, war die, dass die Gefühle zuerst kommen müssen und danach die entsprechende Manifestation. Wenn Sie also das brandneue Auto wollen, dann müssen Sie zuerst daran denken und sich dann so fühlen, als ob Sie es bereits haben - und dann wird es kommen.

In all dem spielt der Glaube eine wichtige Rolle, weil Sie glauben müssen, dass Sie alles haben können, was Sie haben wollen. Andernfalls wird es nicht für Sie geschehen.

Wir wurden nicht gelehrt, auf diese Weise zu glauben. Die meisten von uns glauben, dass sie nicht glücklich sein können, solange sie nicht bekommen, was sie wollen. Aber das Gegenteil ist der Fall! Die Art, wie das Universum funktioniert, ist tatsächlich die, dass Sie zuerst an das, was Sie wollen, denken und dann daran glauben und sich **zuerst** so fühlen, als wenn Sie es schon haben, damit es dann zu Ihnen kommt.

Sie sollten also zuerst das Gefühl von dem haben, was Sie wollen, und nicht anders herum. Wenn Sie daher an etwas Wichtiges für Sie denken, sei es ein Liebhaber oder ein Ehepartner, dann ist es sehr wichtig, dass Sie sich dazu entscheiden, die guten Gedanken über sie zuerst zu denken. Das Gleiche gilt auch für den Fall, dass es um Geld geht.

Wie macht man das? Lassen Sie uns ein Beispiel nehmen.

Nehmen wir an, dass Sie sich einsam fühlen. Ausgehend von dem, was wir gerade besprochen haben, stellt sich die Frage: Ist das in Ordnung? Nein! Wenn Sie sich einsam fühlen, dann werden Sie mehr Einsamkeit anziehen.

Bevor wir uns weiter mit dem „Einsamkeits-Beispiel" befassen, zeigen wir Ihnen hier ein weiteres Geheimnis, das noch nicht behandelt wurde. **Das Universum ist ein „ auf-Zustimmung-basiertes" Universum, das heißt also, dass wenn Sie sich einsam fühlen, dann werden Sie mehr Einsamkeit anziehen.** Wenn Sie sich pleite und schlecht fühlen, werden Sie noch mehr Mangel in Ihrem Leben anziehen. Wozu Sie auch immer ein „Nein" schreien - das Universum hört „Ja"!

Das ist es, wie es funktioniert! Die meisten von uns verstehen nicht, wie es funktioniert und deshalb kreieren wir immer und immer und immer wieder die gleiche Realität aufs Neue.

Was ist also bei unserem Beispiel die Lösung für das Gefühl der Einsamkeit?

Sie müssen den Denkprozess ändern, der dazu führt, dass Sie an den Punkt kommen, wo Sie sich einsam fühlen. Mit anderen Worten: Welche Gedanken hatten Sie, die dann das einsame Gefühl bewirkt haben?

Hier ist ein Beispiel für die Gedanken, die dazu führen, dass Sie sich einsam fühlen:

„Mein Geliebter hat mich verlassen und jetzt bin ich traurig. Ich bin traurig, weil mein Liebhaber mich verlassen hat. Das passiert dauernd nur mir!

Was ist los mit mir? Was nützt es überhaupt, es zu versuchen? Ich werde wahrscheinlich am Ende sowieso allein bleiben! Ich kann nicht glauben, dass er/sie mich verlassen hat! Ich weiß nicht, was ich falsch gemacht habe. Das ist so deprimierend!"

Können Sie sehen, wie all die Gedanken etwa genauso niederschlagend und deprimierend wie die anderen sind? Sie alle entsprechen dem gleichen Schwingungs- bzw. Vibrationslevel. Sie haben keinen Zugang zu den Gefühlen der Liebe, Leidenschaft und Wertschätzung, wenn Sie ständig negative Gedanken zulassen, die Sie niederschlagen.

Sind Sie bereit für ein weiteres LOA-Geheimnis? Wenn Sie negative Gedanken haben, dann ziehen Sie noch mehr Gedanken an, die der unteren Schwingungsfrequenz des negativen Gedankens entsprechen.

Das heißt also, dass es auf der guten Seite von diesem Prinzip bedeutet, dass das Universum Sie mit einer endlosen Menge an Dingen in Ihrem Leben versorgen wird, wenn Sie sich auf dem entsprechenden Vibrationslevel von den Dingen bewegen, die Sie haben wollen. Umgekehrt heißt es aber auch im negativen Sinne, dass das Universum Sie entsprechend der Schwingungen Ihrer Worte oder Gedanken mit Dingen beliefern wird, die mit diesen Vibrationen übereinstimmen.

Mit anderen Worten, Sie bekommen, was Sie wollen, und Sie bekommen auch, was Sie nicht wollen, und zwar immer entsprechend Ihrer Worte und Gedanken.

Bevor Sie jetzt durch diese vielleicht neue Offenbarung ernsthaft deprimiert werden, fassen Sie

Mut. Wenn Sie den Dreh für all dies raus haben, dann wissen Sie, dass Sie die vollständige und totale Kontrolle über die Realität haben, die Sie kreieren. Sie haben die Kontrolle über alles, was Ihnen in Ihrem Leben passiert, wenn Sie verstehen, wie das Gesetz der Anziehungskraft wirklich funktioniert.

So, zurück zu unserem Beispiel. Was können Sie zu sich selbst sagen, um einen besseren Gedankenfluss und bessere Gefühle zu haben? Wie können Sie zu einem Punkt kommen, an dem Sie sich besser fühlen trotz der Einsamkeit?

Hier ist ein Beispiel, wie man es tun kann:

„Mein Geliebter hat mich verlassen und jetzt merke ich, dass ich ein wenig traurig darüber bin. Aber ich weiß auch, wie das jetzt funktioniert! Ich weiß, dass es mir nicht gut tut, traurig zu sein, weil ich weiß, dass dies kein gutes Gefühl ist.

Da jetzt mein Geliebter fort ist, denke ich erst einmal an mich und genieße diese Zeit so gut ich kann. Ich tue erst einmal mir selbst etwas Gutes. In vielerlei Hinsicht wird es ein gutes Gefühl sein, wieder in mein Leben vor dieser Beziehung zurück zu kehren.

Es gibt tatsächlich eine ganze Reihe von Dingen, mit denen ich aufgehört habe, als mein Geliebter in mein Leben trat. Ja, jetzt erinnere ich mich an einiges. Ich hab meine gewohnten Massagen aufgegeben und viel zu wenig Zeit mit meinen Freunden verbracht. Ich gab das Wandern, Lesen und Meditieren auf! Wow - es gibt so viele Dinge, die ich jetzt tun kann und an die ich gar nicht mehr nachgedacht habe. Ich werde jetzt erst einmal das Singledasein genießen."

Dies ist nur ein Beispiel, aber die Idee dahinter ist, dass jede Situation zwei Möglichkeiten bietet, um darüber nachzudenken - eine, die sich besser anfühlt, und eine, die sich schlimmer anfühlt.

Sprechen Sie mit sich selbst wie mit Ihrem besten Freund, denn tatsächlich sind Sie das auch!

So viele von uns wollen für das Recht, sich schlecht zu fühlen, kämpfen - und es ist nichts falsch daran, solange Sie wissen, dass das Universum Sie mit einem unendlichen Vorrat an Gedanken, Ereignissen und Umständen versorgen wird, die Ihren Gedanken und Gefühlen entsprechen. Anders ausgedrückt heißt das, dass es am besten für Sie ist, wenn Sie lernen, Kontrolle darüber zu haben, wie Sie sich fühlen. Wählen Sie die Möglichkeit der besseren Gedanken und Gefühle, so dass Sie mehr von dem anziehen, was Sie eigentlich in Ihrem Leben haben wollen und weniger von dem, was Sie nicht wollen.

Aber es ist auch in Ordnung, wenn Sie darüber schmollen möchten, dass Ihr Geliebter Sie verlassen hat. Warum? Weil der Kontrast, den Sie dadurch in Ihrem Leben erleben werden, Ihnen helfen wird, dann die Wünsche wie Raketen abzuschießen mit dem, was Sie wirklich wollen - die Gegensätze im Leben tragen so dazu bei, dass das Universum erweitert wird.

Kkönnen Sie jetzt aber auch sehen, warum es so wichtig ist, gute Gedanken zu denken? Es gibt ein schönes Zitat und das lautet: „Andere können Ihre guten

Gedanken über sie nicht verdient haben, aber Sie tun es!“

Mit anderen Worten, Sie selbst verdienen es, gute Gedanken über andere zu haben, auch wenn diese Personen komplette Gauner sind.

Es gibt wirklich nichts Wichtigeres als dass man sich wohl fühlt.

Wenn Sie also jetzt wissen, dass es nichts Wichtigeres gibt, als dass Sie sich wohl fühlen, womit sollten Sie dann jetzt unbedingt aufhören?

Lassen Sie uns das im nächsten Kapitel herausfinden.

Die eine Sache, mit der Sie aufhören sollten

Hier ist ein weiterer bahnbrechender Ratschlag im Zusammenhang mit dem Glauben an das Gesetz der Anziehungskraft. Sind Sie bereit? Gut!

Hören Sie auf, sich zu beschweren!

„Was?“, werden Sie vielleicht fragen. „Über was soll ich mich nicht mehr beschweren?“

Über alles! Hören Sie auf, sich über irgendetwas zu beschweren.

„Wirklich alles? Wie kann ich möglicherweise überhaupt aufhören, über alles zu jammern?“

Möchten Sie Ihren perfekten Partner halten und gute Beziehungen und alles andere haben, was Sie wollen?

„Ja“, werden Sie sagen.

Dann hören Sie auf zu jammern. Und zwar über alles!

„Das ist unmöglich! Ich muss mich doch

beschweren! Ich beklage mich die ganze Zeit!“

Und was hat das Ihnen gebracht? Hat es Ihnen geholfen?

„Ähm, nicht wirklich.“

Das ist hier genau der springende Punkt!

„Aber heißt das, dass ich wirklich aufhören soll, über alles zu jammern?“

Ja.

„Das ist unmöglich!“ werden Sie sagen.

Sie haben jedes Recht, sich über die Dinge zu beschweren, die Sie nicht gerne in Ihrem Leben haben, aber wenn Sie wüssten, dass jedes Mal, wenn Sie sich beklagen, das Universum den Fluss der Fülle in Ihr Leben stoppt und damit auch den perfekten Liebhaber und die fantastischen Freunde - würden Sie dann aufhören?

„Nun, vielleicht.“

Gut! Das ist schon mal ein Anfang!

„Aber warte. Heißt das, dass ich mich nicht über meinen Geliebten, meine Freunde, meine Eltern, meine Kollegen, meinen Chef, meine Regierung, die Medien, den Briefträger, die Warteschlangen in den Läden, unhöfliche Menschen, Kriege und vieles mehr beklagen soll?“

Ja.

„Auf keinen Fall.“

Auf jeden Fall!

„Ich kann das nicht!“

Ja, Sie können es!

„Wie?“

Es ist durchaus ein Paradigmenwechsel von dem,

was wir normalerweise tun. Das ist wohl wahr! Und hier ist der Schlüssel dazu - sind Sie bereit?

„Ehrlich gesagt, ich bin mir nicht so sicher, ob ich es lesen will!“

Hier ist es trotzdem:

Es spielt keine Rolle, ob Sie damit aufhören, sich laut zu beklagen - das Universum hört nicht auf Ihre Worte. Das Universum hört nur darauf, wie Sie sich fühlen. Was also am wichtigsten ist, ist wie Sie sich fühlen, während Sie sich beschweren. Alles, was zählt, ist die Schwingungsfrequenz, die Sie hinaus in das Universum senden.

Jetzt könnten Sie sagen: „Da haben wir es! Es gibt da keine Möglichkeit, dass ich je damit aufhören kann, nicht zu jammern! Wie kann ich aufhören, ich selbst zu sein?“

Aha! Das ist eine gute Frage! Im Moment konzentrieren wir uns mal darauf, wie Sie aufhören, sich über Ihren Ehepartner oder Geliebten zu beklagen – egal ob Sie zur Zeit einen haben oder auch nicht.

Wussten Sie, dass Sie durch das Gesetz der Anziehungskraft die Macht haben, die besten oder die schlechtesten Eigenschaften Ihres Partners hervor zu bringen? Ein Blick darauf, wie die typische Liebesbeziehung beginnt, kann dies bestätigen.

Am Anfang sehen wir uns gegenseitig durch die rosarote Brille. Was das wirklich bedeutet ist, dass wir uns dazu entscheiden, sich gut zu fühlen, und zwar noch bevor wir miteinander intensiver kommunizieren.

Mit anderen Worten: Wenn Sie durch die rosarote

Brille einander sehen, dann entscheiden Sie sich mit Allem, was sie ausmacht, mit all dem übereinzustimmen, was den anderen ausmacht. Das ist der Grund, warum am Anfang es alles so glückselig erscheint.

Was aber geschieht dann üblicherweise nach den ersten paar Monaten oder auch etwas länger? Das, was dann passiert, ist, dass wir damit beginnen, sich auf die Dinge beim Partner zu konzentrieren, die wir nicht wollen oder gern haben und wir beginnen damit, das gegenseitig zu bemängeln. Die Entscheidung, sich über den Partner zu beklagen - ob das nun ausgesprochen wird oder nicht - ist der erste Schritt hin zur Zerrüttung und sogar Beendigung der Beziehung.

Viele Paare finden tatsächlich einen Weg, sich über einander zu beklagen und trotzdem die Beziehung aufrecht zu erhalten, aber die meisten dieser Beziehungen sind nicht glücklich.

Selbst wenn Sie darüber nur scherzen und sich gegenseitig damit aufziehen, laufen Sie Gefahr, sich für die negativen Gedanken zu entscheiden und kommen dann in einen Kreislauf der negativen Gedanken, die Sie dahin bringen, dass Sie sich fragen, warum Sie sich überhaupt auf diese Beziehung eingelassen haben.

Möglicherweise haben Sie nicht die Möglichkeit, die Gedanken, Worte und Handlungen des Partners zu kontrollieren, aber Sie haben einen Einfluss darauf.

Sie haben die Möglichkeit, sich nur auf ihre oder seine guten Eigenschaften zu konzentrieren und über die guten Dinge zu reden und nachzudenken. Sie haben so die Möglichkeit, von all dem das Gute zu fördern.

Deshalb ist es so wichtig, dass Sie aufhören zu jammern - sowohl in Ihrem Herzen, als auch mit den laut gesprochenen Worten.

Wenn Sie sich nur auf das Gute in Ihrem Partner konzentrieren, dann werden Sie auch nur das Gute sehen. Wenn Sie positive und liebevolle Gedanken über Ihren Partner denken, dann ist das alles, was Sie sehen werden.

Schauen wir uns ein Beispiel über das Klagen an, das hilfreich sein könnte.

Nehmen wir an, dass Ihr Ehepartner oder Freund immer das Licht im Haus an lässt und das stört Sie wirklich. Wenn er einen Raum verlässt, dann schaltet er nur selten das Licht aus. Wenn er das Haus verlässt, dann ist irgendwo im Haus immer noch ein Licht an und es nervt Sie wirklich.

Was sollten Sie tun? Sollten Sie etwas sagen und diesen Ärger raus lassen?

Nein.

Warum?

Hier gibt es ein paar Lektionen des Lebens zu lernen!

Was? Lektionen fürs Leben aufgrund von Lichtern?

Ja – lassen Sie uns das genauer anschauen. Zunächst lässt Ihr Partner vielleicht das Licht unbewusst an, weil er damit tatsächlich zeigt, dass er sich keine Gedanken über einen möglichen Mangel macht, so wie Sie es tun. Vielleicht ist das eine kleine Lektion fürs Sie, damit Sie lernen, Sie keine Sorgen mehr zu machen wegen ein paar Lampen, die im Haus noch brennen - das Wohlbefinden übertrifft alle anderen Dinge und es wird immer genug Geld da sein, um für die brennenden Lampen im Haus zu bezahlen.

Und vielleicht geht es sogar noch etwas weiter als diese kleine Lektion. Wenn Sie wirklich Ihren Ehepartner daran erinnern wollen, das Licht auszuschalten, dann ist alles, was Sie tun müssen, sich auf die Harmonie und den Frieden in Ihrer Beziehung zu konzentrieren, die Sie bereits haben.

Geben Sie den anderen Dingen nicht dieses bedeutende Gewicht. Wenn Sie das tun, wissen Sie, was dann passiert? Es wird nicht lange dauern, bis dass Ihr Ehepartner das Licht ausschaltet, ohne dass Sie auch nur etwas sagen müssen!

Das ist ein schon etwas fortgeschrittenes Konzept im Zusammenhang mit dem Gesetz der Anziehungskraft, aber die Idee oder Überzeugung dahinter ist, dass es da zuerst die Gedanken gibt, und diese Gedanken nehmen Gestalt an und danach geschieht die Manifestation dieser Gedanken in unserer Realität.

Je mehr Sie also das zu schätzen wissen und über die Harmonie, den Frieden und die Zusammenarbeit innerhalb Ihrer Familie nachdenken, desto mehr wird sich das, was Ihnen wichtig ist, in Ihrem Leben manifestieren.

Sagen wir damit, dass Sie Ihren Partner dazu bringen können, alles zu tun, was Sie wollen? Nicht wirklich in diesem Sinne - aber Sie haben einen starken Einfluss aufgrund dessen, wie Sie sich fühlen.

Die zwei wichtigen Arten der Liebe

Es gibt zwei Arten der Liebe, um die es bei dem Gesetz der Anziehungskraft geht, und das sind die bedingte Liebe und die bedingungslose Liebe.

In Wirklichkeit sind sie ein bedingungslos liebendes Wesen, und wann immer Sie das nicht sein können, fühlt es sich für Sie auch nicht gut an.

Schauen wir uns diese beiden Arten der Liebe vom dem Grundsatz her an, wie sich das in Ihrem Leben manifestieren kann, was Sie möchten.

Wenn Sie zu dem Universum sagen: „Ich werde nicht glücklich sein, bis ich X, Y oder Z in meinen Leben habe", dann ist das an Bedingungen geknüpft. Mit anderen Worten sagen Sie nämlich, dass Sie die Bedingungen X, Y oder Z haben, um glücklich zu sein – Sie müssen sie zuerst haben.

Aber das ist eine sehr bedingte Liebe. Der beste

Weg, um Freiheit und schöpferische Kraft zu erleben ist, bedingungslos zu sein gegenüber allem in Ihrem Leben, und vor allem in Bezug auf den Partner.

Wenn Sie bedingungslos in der Beziehung zu Ihrem Ehepartner oder Freund sind, dann werden diese das Gefühl bekommen, dass Ihre Liebe ihnen gegenüber sehr echt ist, dass es da keinen Haken gibt und Sie ihn oder sie wirklich lieben. Wer würde nicht gerne bedingungslos unter allen Umständen geliebt werden?

Es kann sich anfangs zermürbend anfühlen, wenn Sie auf diese Art Ihre bedingungslose Liebe Ihrem Partner gegenüber zeigen, weil sich dann alle Arten von Sorgen und Vorbehalten melden werden. Aber die Wahrheit ist, dass fast jeder „Betrug" nur geschieht, weil der betrügende Freund die Bindung durch die bedingte Liebe spürte - und das macht den Betrug dann nur verlockender.

Wenn ein Paar sich gegenseitig wirklich liebt, und zwar von einem Standpunkt der totalen und absolut bedingungslosen Liebe, dann gibt es keine Liebe, die stärker ist oder länger anhalten könnte.

Bedingte Liebe ist eine absolute Knechtschaft und die bedingungslose Liebe dagegen die absolute Freiheit.

Wie man vergangene Beziehungen loslässt

Eines der Probleme, mit dem viele von uns konfrontiert werden, wenn es um die Liebe geht, ist der Umgang mit einer früheren Beziehung und wie man diese loslässt, selbst wenn wir wissen, dass es nur zu unserem Besten ist.

Das Problem ist, dass es sehr einfach ist, sich vielen Gedanken des Bedauerns hinzugeben. Viele denken darüber nach, was sie getan haben, was sie gesagt haben, wie es endete, wie sie sich benommen und welchen Anteil sie am Ende hatten und vieles mehr.

Aber, wenn Sie verstehen, dass das Gefühl des Bedauerns eine der niedrigsten Schwingungsfrequenzen hat, die überhaupt bei den Gefühlen möglich ist, dann können Sie leichter an den Punkt kommen, an dem Sie solchen Gedanken keinen Raum mehr geben.

Wenn Sie sich auch innerlich ganz von einer früheren Beziehung lösen wollen und es fällt Ihnen schwer, die Reue darüber loszulassen, dann sollten Sie zuerst verstehen, dass es absolut notwendig ist für Sie, um weiter gehen zu können. Danach heißt es für Sie, dass Sie diese Beziehung in Gedanken durchgehen und einen Weg finden, um all Ihre negativen Gedanken diesbezüglich durch positive zu ersetzen.

Aber in diesem Fall des Loslassens der Vergangenheit, sollte das, was Sie tun werden, ein Erinnern an all die Gründe sein, von denen Sie genau wussten, dass es am besten für Sie war, die Beziehung zu beenden. Warum? Was fühlt sich besser an: Es zu bereuen oder das Gefühl zu haben, dass es der absolute richtige Schritt war?

Natürlich fühlt es sich besser an zu wissen und zu fühlen, dass Sie das Richtige getan haben und dass es so das Beste ist. Für die unter uns, die etwas sensibler sind, ist es natürlich viel einfacher, dazusitzen und den vergangenen Beziehungen nachzutrauern - aber dies zu tun hilft uns wirklich nicht weiter! Tun Sie es also nicht!

Erliegen Sie nicht der Versuchung, sich selbst zu quälen. Sprechen Sie zu sich selbst das, was Sie an den Punkt bringt, an dem Sie bessere Gefühle diesbezüglich haben und dann lassen Sie es gehen. Es ist auch völlig in Ordnung, darüber nachzudenken, warum es nicht funktioniert hat und wie das Universum Ihnen jetzt eine noch perfektere Beziehung ermöglichen wird. Um Ihnen zu helfen, sich selbstdiesbezüglich besser zu fühlen, könnten Sie sagen: „Es war das Beste. Eigentlich gab es durchaus ein paar Dinge, die in unserer Beziehung nicht funktionierten.

Ich bin dankbar dafür, dass ich diese Beziehung haben durfte, denn es hat mir geholfen, das zu erkennen, was ich eigentlich möchte. Ich weiß jetzt wirklich viel besser, was ich haben möchte. Es ist nichts falsch gelaufen. Ich weiß, dass es da draußen eine noch perfektere Person für mich gibt. Es ist sogar ziemlich aufregend, daran zu denken, dass diese Person da draußen ist! Ich freue mich schon sehr auf meine nächste Beziehung, die mir viel mehr gerecht wird."

Der Punkt ist, dass Sie sich selbst beruhigen sollen, so wie ein guter Freund es tun würde, und Sie frei werden von all den schlechten Gefühlen im Zusammenhang mit der vergangenen Beziehung. Segnen sie diese und auch die Person.

Lassen Sie alle Wut und Vorwürfe fallen. Alle Gedanken an die Vergangenheit und an die Dinge, die man Ihnen angetan hat oder die man nicht getan hat – Sie müssen Sie loslassen und nach vorne schauen. Warum? Weil wenn Sie dies nicht tun, dann werden Sie durch das Gesetz der Anziehungskraft genau die gleiche Art von Personen wieder in Ihrem Leben anziehen.

Das ist es, wie es funktioniert. Das ist, wie das Universum funktioniert. Das ist absolut wichtig, damit Sie vollständig die Vergangenheit hinter sich lassen und voller Energie nach vorne schauen können und so jemanden anziehen werden, der viel besser zu Ihnen passen wird.

Es gibt viele Selbsthilfe-Bücher gibt, die Ihnen sagen,

wie Sie Ihren Ex-Partner zurück gewinnen können, weil die meisten Menschen, die ihren Ex-Partner zurück haben wollen, denken, dass es für sie keinen besseren gibt.

Aber nichts könnte weiter von der Wahrheit entfernt sein!

Das ständige Problem mit dem Ex-Partner ist, dass es so einfach ist, immer wieder die alten Probleme einzufangen und diese erneut zu kreieren. Warum? Aufgrund des Gesetzes der Anziehungskraft. Weil Sie die Dynamik der Gedanken hatten und dieses Gedanken formten die Probleme, die Sie dann gehabt haben. Es ist eigentlich viel einfacher, eine neue Beziehung zu beginnen, als zu versuchen, eine alte zu reparieren.

Segnen diese letzte Beziehung, die nicht funktioniert hat, und senden Sie die Person weg in Ihrem Herzen und in Ihrem Verstand mit Gefühlen der Wertschätzung, aber auch einer klaren Trennung. Erkennen Sie, dass die Person, die Sie am Anfang kennen gelernt hatten, jetzt vollständig weg ist und dass es wahrscheinlich das Beste für Sie ist, weiterzugehen. Es ist nichts falsch daran, einen Ex-Partner zurück haben zu wollen, aber Sie müssen wissen, womit Sie es zu tun haben und wie das Gesetz der Anziehungskraft in dieser Situation mit einem Ex funktioniert. Normalerweise ist es nicht einfach und es ist wahrscheinlich am besten, weiterzugehen. Jetzt, da Sie wissen, wie Sie die vergangenen Beziehungen loslassen können, wie finden Sie den perfekten Partner, wenn Sie diesen nicht bereits haben?

Wie man den perfekten Partner anzieht

Man könnte ein ganzes Buch über dieses Thema schreiben, aber Sie werden hier zusammengefasst das bekommen, was Sie brauchen, ohne dass Sie Zeit und Energie verschwenden, um ein 200-seitiges Buch zu diesem Thema lesen zu müssen!

Lassen Sie uns zuerst beschreiben, was „perfekt“ bedeutet.

Was bedeutet das Wort „perfekt“ in Bezug auf eine Partnerschaft für Sie? Lassen Sie uns dieses Wort erforschen anhand von zwei verschiedenen Beispielen. Nehmen wir an, dass Sie ein Mann sind und die „perfekte“ Partnerin haben möchten. Welche der beiden nachfolgend beschriebenen Partnerinnen würden Sie gerne haben?

Partner Nummer 1 oder Nummer 2?

Betrachten wir die zwei Beispiele:

1. Sie ist schön und stimmt Ihnen immer zu. Sie hat nie ihre eigene Meinung zu irgendetwas, dann sie glaubt, dass Sie der intelligentere von ihnen beiden sind und welchen Wert sollte da ihre eigene Meinung überhaupt haben? Sie tut alles, was Sie wollen und sie lässt Ihnen sogar Ihren eigenen Freiraum. Da sie nie mit Ihnen wirklich diskutiert, ist sie zudem angenehmste Person, die Sie je gekannt haben. Sie ist damit zufrieden, einfach nur daheim zu sitzen und nichts zu tun. Sie hat auch keine eigenen Ziele oder Träume, aber sie scheint auch nie von etwas begeistert oder leidenschaftlich zu sein.
2. Sie ist schön, aber sie ist in Bezug auf einige Themen nicht Ihrer Meinung! Sie äußert ihre Gedanken und sie tut, was sie tun will und wann sie es tun will. Sie ist sehr lustig, sehr leidenschaftlich und sehr aktiv. Sie bewundern ihre innere Stärke, aber manchmal führt ihre starke Persönlichkeit zu Meinungsverschiedenheiten, die auch in einem großen Streit enden können. Sie ist ein Energiebündel, sehr lebhaft und viele Typen finden sie unglaublich attraktiv, weil sie so kontaktfreudig und selbstbewusst ist. Sie sind sich manchmal nicht sicher, was Sie mit ihr

> machen sollen, aber tief in ihrem Herzen wissen Sie, dass sie Sie über die Maßen liebt und extrem loyal Ihnen gegenüber ist.

Welche würden Sie als Mann wählen? Nummer eins oder Nummer zwei? Wenn Sie als Frau diese Lektüre lesen – wen würden Sie wählen, wenn die Beschreibung genau die gleiche wäre, aber entsprechend auf einen Mann bezogen?

Wenn Sie Nummer 1 wählen würden, dann ist da nichts falsch daran! Aber hier ist der Punkt: Wir leben nicht auf der Erde, um sich in einem gefiederten Nest aufzuhalten und alles für uns gemacht zu bekommen. Wir sind hier, um durch den Kontrast von dem, was wir wollen und nicht wollen, zu erforschen, was wir wirklich wollen. Wir kamen her, um die Vielfalt des Lebens zu erleben und um mit anderen gemeinsam zu existieren.

Ehrlich gesagt, wenn Sie jemanden als Partner haben wollen, der immer einer Meinung mit Ihnen ist, dann sollten Sie Ihren Hund heiraten! Nichts für ungut, aber ein Hund ist sehr loyal, stimmt Ihnen immer zu und wird nie versuchen, Sie zu beeinflussen!

Es wird gesagt, dass die Personen, die genau wissen, welche Knöpfe man bei Ihnen drücken muss, Ihre größten Lehrer sein können. Wenn Sie sich also für die Nummer 2 entschieden haben, dann beginnen Sie zu verstehen, warum der „perfekte" Partner für Sie möglicherweise nicht die einfachste Person ist, mit der man im Leben auskommen kann.

Was würden Sie lieber haben? Eine anregendes

Gespräch mit Ihrem Ehepartner, weil er/sie nicht mit Ihnen übereinstimmt und leidenschaftlich diesbezüglich ist, oder einen Partner, der Ihnen bei allem zustimmt und dann gleich nach dem „Gespräch" die Lieblingssendung im Fernsehen anschauen möchte? Was glauben Sie - welche Art von Personen wird Sie mehr anregen? Eine, die leidenschaftlich in Bezug auf ihre eigenen Ziele und ihr Leben ist, oder eine, die gar keine Ziele, Träume oder Wünsche hat?

Manchmal blockieren wir uns selbst durch Worte wie „perfekt", weil wir erkennen müssen, dass wenn wir es genauer analysieren, dann ist die perfekte Person für Sie wahrscheinlich nicht das, was Sie wirklich gedacht haben!

Lassen Sie uns die perfekte Beziehung jetzt definieren, damit Sie eher bereit dafür sind. Sind Sie bereit?

In einer perfekten Beziehung wissen sie beide genau, wer sie wirklich sind. Die perfekte Beziehung ist eine, in der Sie beide zuversichtlich, glücklich, selbstsicher, autonom und sorglos sind. Die perfekte Beziehung existiert da, wo Sie beide ein wunderbares Leben haben, das voneinander unabhängig ist, und wenn „Ihre Leben" zusammen kommen, dann ist es erstaunlicher Austausch von Leidenschaft, Liebe und Zusammengehörigkeit. Die perfekte Beziehung ist eine, in der man einander bedingungslos so sehr liebt, dass fast alles, was die andere Person tut oder nicht tut, Ihnen keinerlei Sorgen macht. Das ist die Bedeutung der bedingungslosen Liebe.

Die perfekte Beziehung ist eine, in der beide Partner **sich gegenseitig nicht für das eigene Glück verantwortlich machen.** Um das zu erklären könnten Sie folgendes zu Ihrem Partner sagen: „Schatz, ich liebe dich so sehr und ich weiß, dass du mich auch liebst. Und ich möchte, dass Du weißt, dass mein Glück nicht in Deiner Verantwortung liegt - das ist meine Verantwortung. So bist Du aus dem Schneider, was mein Glück angeht.

Mein Glück ist mein Job und meine Aufgabe, nicht Deine. Ich verspreche, mein Bestes zu geben, um immer das Beste in Dir zu sehen und mich nur darauf zu konzentrieren. Ich entscheide mich dazu, Dich aus der Sicht der Energiequelle zu sehen und im besten Licht, egal zu welchen Taten Du Dich gerade auch entscheidest.

Und warum sollte ich das tun?

Weil ich weiß, dass die beste Version von Dir das ist, was ich sehen und erhalten werde, wenn ich mich einfach dazu entscheide, es zuerst so zu sehen. Wenn wir also zusammen sind, werden wir die beste Zeit haben!"

Die perfekte Beziehung ist eine, die Sie zur Expansion anregt und Sie dahin bringt, dass Sie sich auf eine neue Ebene des Mitgefühls, der Leidenschaft und der Wertschätzung begeben. Die perfekte und mitgestalterische Beziehung ist eine, die ein wenig herausfordernd sein kann. Dazu auch eine, in der Sie beide die Möglichkeit erhalten, sich gegenseitig die bedingungslose Liebe zu zeigen.

Wie man gute Beziehungen pflegt

Wir haben die perfekte Beziehung zu einem Partner definiert, aber was ist mit den anderen Arten von Beziehungen? Wie sieht es mit Ihren Freunden und Ihrer Familie aus? Wie viel Kontrolle und Einfluss haben Sie auf sie? Was ist, wenn es Mitglieder in Ihrer Familie gibt, derentwegen Sie durchdrehen könnten? Können Sie da etwas zur Verbesserung der Situation tun?

Die Antwort auf die letzte Frage ist ja, denn es gibt eine ganze Menge, was Sie tun können. Aber es kann sein, dass es etwas ist, was Sie nicht hören wollen!

Sehr oft sind es vor allem unsere Familienmitglieder, die genau wissen, welche Knöpfe sie bei uns drücken müssen, um gewisse Reaktionen zu erhalten. Aber denken Sie daran, dass diejenigen, die genau wissen, welche Knöpfe man bei Ihnen drücken muss, letztendlich

Ihre größten Lehrer sind!

Genauso wie im Bezug auf Ihren Partner gilt das gleiche Prinzip für alle Beziehungen. Grundsätzlich bekommen Sie das, was Sie erwarten, sei es im Bezug auf eine Beziehung, Geld oder auch sonst etwas anderes.

Aber im Fall der Familie kann es besonders schwierig sein, denn Sie werden über einen langen Zeitraum mit ihnen zu tun haben! Manche sagen auch, dass Gott Ihre Familie in Ihr Leben gesetzt hat, damit Sie Ihre Freunde mehr zu schätzen wissen!

Sie können eine Mutter, die alles kontrolliert, oder einen Vater haben, der herrschsüchtig ist. Sie haben eventuell einen Bruder oder eine Schwester, mit der oder mit dem Sie aus verschiedensten Gründen einfach nicht auskommen können. Wie auch immer Ihre Situation aussieht - wie können Sie die Dynamik der Beziehungen verändern, so dass es besser für Sie ist?

Erinnern Sie sich an das Kapitel, in dem wir den Punkt behandelt haben, warum Sie sich nicht beschweren sollten? Das hier ist so ein Punkt, an dem es praktisch werden muss! Jetzt ist der Zeitpunkt gekommen, um das zu tun, was Sie tun müssen, um Ihre Schwingungsfrequenz in Bezug auf Ihre Verwandten zu erhöhen!

Denken Sie jetzt mal über jede Person in Ihrer Familie nach, die Sie in der Regel „auf die Palme“ bringt und mit der Sie absolut nicht auskommen können.

Sie wissen bereits, was der nächste Schritt ist! Denken Sie daran, dass Ihre Gedanken mächtig sind und dass Sie die Möglichkeit haben, Ihren Umgang mit jedermann zu verändern.

An dieser Stelle können wir festhalten, dass Sie zwar keine Kontrolle über andere, dafür aber Einfluss auf andere haben. Doch genauer betrachtet ist es so, dass obwohl Sie keine Kontrolle über andere haben, so **haben Sie doch die Kontrolle über Ihren Umgang mit schwierigen Menschen.**

Das zu erklären ist ein wenig kompliziert, aber bleiben Sie einfach mal dran. Sie sind möglicherweise nicht in der Lage, das zu kontrollieren, was ein Mensch tut oder nicht tut in seinem Leben, aber Sie haben die Kontrolle über das, was sie in Bezug auf Sie tun oder und auch nicht tun!

Oder anders ausgedrückt: Sie haben Sie die Kontrolle über andere, weil Sie sehen werden, dass sobald Sie damit beginnen, das Beste in anderen unabhängig von deren Taten zu sehen, dann werden diese Personen fast wie durch Magie ihren Umgang mit Ihnen verändern.

Es ist ein Gesetz. Es ist einfach so! So funktioniert das Gesetz der Anziehungskraft.

Der Punkt ist, dass obwohl Sie keine Kontrolle über andere haben, wird es sich in Ihrer eigenen Realität tatsächlich zeigen, dass Sie die Kontrolle über sie haben, weil sie plötzlich beginnen werden, Sie viel, viel besser zu behandeln.

Aber wenn diese Personen mit anderen Menschen Umgang haben, dann werden sie wahrscheinlich genauso böse oder gemein oder schlecht sein, wie sie es davor üblicherweise auch mit Ihnen waren.

Also, noch einmal, wie kann man diesen „magischen Trick“ anwenden? Wie können Sie schwierige Menschen dazu bringen, mit Ihnen in einer positiven Weise umzugehen?

Der erste Schritt ist, dass Sie diese Personen in einem anderen Licht sehen - egal, was sie in der Vergangenheit getan oder gesagt haben und damit Ihre Gefühle verletzt wurden.

Sehen Sie sie trotzdem in einem positiven Licht! Denken Sie daran, dass Sie ein bedingungslos liebendes Wesen sind! Jetzt haben Sie die Chance, das zu sein, was Sie wirklich sind. Das hier ist Ihre Chance, diese Personen mit bedingungsloser Liebe zu überschütten und zwar in einer Weise, die Ihnen garantiert, dass Sie nur die bestmögliche Version aus der jeweils betroffenen Person herausholen.

Das ist der springende Punkt. Wenn Sie jemanden mit bedingungsloser Liebe überschütten, dann erhalten Sie automatisch die bestmögliche Version von dieser Person.

Wann braucht jemand am meisten Liebe? Ist es, wenn jemand liebenswert oder gerade nicht liebenswert ist? Er oder sie braucht es am meisten, wenn sie nicht liebenswert sind! Macht das keinen Sinn? Wann würden sie Ihre bedingungslose Liebe am meisten schätzen? Wenn sie gerade liebenswert, oder wenn sie nicht liebenswert sind? Und wieder ist es die gleiche Antwort - wenn sie nicht liebenswert sind.

Es passiert so oft, dass wenn jemand unhöflich oder sogar ruppig reagiert, oder etwas in einem Anfall von

Wut oder Zorn tut, dann würden wir diese Person am liebsten einsperren und den Schlüssel wegwerfen.

Aber niemand will erkennen, dass bei einem Gefühl der Depression die Wut ein Schritt in die richtige Richtung sein kann. Alles, was wir wirklich tun müssen, ist, sie dazu ermutigen, das zu tun, was ihnen hilft, sich immer besser zu fühlen. Und bevor Sie es richtig merken, werden sie bereits den Zugang zu den höheren Schwingungsfrequenzen von Liebe, Leidenschaft, Anerkennung, Dankbarkeit und dergleichen haben.

Aber stattdessen wollen wir in der Regel diesen Personen klar machen, dass ihr Verhalten nicht toleriert werden kann und dass sie schlechte Menschen sind. Was passiert aber, wenn wir das tun? Sie fallen zurück in das Gefühl der Machtlosigkeit und damit zurück zur Depression - und der Zyklus beginnt von neuem.

Wir sind alle Kinder Gottes. Wir sind alle göttlich. Jeder will glücklich sein. Niemand will unglücklich oder mürrisch sein! Und jetzt, da Sie wissen, wie das Gesetz der Anziehungskraft wirklich funktioniert, müssen Sie auch nie wieder mürrische Menschen um sich herum haben!

Möchten Sie etwas wissen, was ein wenig schwer zu schlucken ist? Mürrische, böse oder depressive Menschen können nicht in Ihrem Umfeld sein, wenn Sie nicht selbst einige solcher negativen Gefühle in sich selbst haben. Da haben Sie es. Es ist gesagt! Aber bitte erschießen Sie nicht den Überbringer dieser Nachricht!

Es ist trotzdem wahr. Die gute Nachricht dabei ist aber, dass, wenn Sie die Wahrheit hinter dieser Aussage erkennen, dann werden Sie auch feststellen, dass es einiges gibt, das Sie an sich selbst bearbeiten müssen. Sie können nichts hergeben, was Sie nicht besitzen.

Das bedeutet, dass, wenn jemand in Ihre Realität kommt und wütend ist, dann muss es bereits eine Art von einer wütenden Vibrationen in Ihnen geben.

Daher kamen wir auch zu der Aussage, dass „diejenigen, die genau wissen, welche Knöpfe man bei Ihnen drücken muss, ihre besten Lehrer sind". Man kann nicht weiter geben, was man selbst nicht hat. Sie können keinen Ärger an jemanden weiter geben, wenn dieser nicht in Ihnen ist.

Ist das jetzt sinnvoll für Sie? Können Sie jetzt sehen, warum es so wichtig ist, das Beste in anderen zu sehen, egal, um wen es sich handelt?

Gut!

Dann lassen Sie uns nun die wichtigste Beziehung von allen betrachten!

Die wichtigste Beziehung, die es gibt

Inzwischen können Sie sich wahrscheinlich schon denken, welche die wichtigste Beziehung für Sie ist!

Ja, Sie sind es selbst!

Was soll das eigentlich bedeuten? Was wir damit meinen ist, dass Ihre wichtigste Beziehung diejenige ist zu Ihrem inneren Wesen oder Ihrem Höheren Selbst – dieser Teil von Ihnen, also Ihre Energiequelle, die Sie liebt, sie wert schätzt und immer für Sie da ist. Es ist der Teil von Ihnen, der auch Ihr inneres Leitsystem ist, oder eben Ihre Energiequelle – wie auch immer Sie es nennen wollen.

Wenn Sie in absoluter Übereinstimmung sind mit Ihrem Höheren Selbst, oder dem inneren Wesen, dann sind Sie ganz natürlich „high“ - Sie fühlen sich ganz natürlich die ganze Zeit über gut. Ihr höheres Selbst denkt, dass Sie eine erstaunliches, göttliches, geistiges Wesen sind mit einer menschlichen Existenz. Es wird niemals denken, dass Sie schlechter sind als irgendetwas auf diesem Planeten.

Das ist der Grund, warum die wichtigste Beziehung, die Sie haben können, Ihre Beziehung zu sich selbst ist!

Dieses Konzept klingt etwas zu weit hergeholt, doch das ist einer der Grundsätze des Gesetzes der Anziehungskraft - und es ist ein sehr guter Grundsatz!

Ihr Höheres Selbst ist Ihre Verbindung zur Energiequelle und es wird Sie durch Ihr ganzes Lebens führen, um Ihnen zu helfen, alles zu bekommen, was Sie wollen, was auch den „perfekten" Partner mit einschließt.

Das Universum hat bereits das geschaffen, worum Sie gebeten haben, und jetzt ist es einfach an der Zeit für Sie, mit der Frequenz überein zu stimmen, um was Sie angefragt haben. Was bedeutet das? Es bedeutet, dass das Universum schon Ihren perfekten Partner gefunden hat, und alles wartet darauf, dass Sie mit all dem auf einer „Wellenlänge" sind. Alle Fähren des Universums warten darauf, dass Sie in Übereinstimmung sind mit den Vibrationen all dessen, was Sie haben möchten. Dazu gehört eben auch Ihr idealer Partner.

Alles, was Sie jetzt tun müssen, ist, es zu glauben, zu erwarten und zu wissen, dass es kommt.

Das ist wirklich alles, was Sie tun müssen!

Hören Sie also damit auf, sich Sorgen über die Suche nach dem perfekten Partner zu machen, weil diese sorgenvollen Gedanken das nur noch mehr verzögern werden! Es ist geradezu eine Ironie, wie wir Menschen alles rückwärts tun. Vielleicht hat Ihnen niemand bisher gesagt, wie es funktioniert. Hören Sie also auf, sich über all das Sorgen zu machen, denn gemäß dem Gesetz der Anziehungskraft ist das Sorgen eine nutzlose Emotion.

Der Punkt ist, dass, wenn Sie den perfekten Partner für Ihr Leben finden wollen, dann konzentrieren Sie sich zuerst auf die Beziehung, die Sie mit Ihrem inneren Wesen haben, und stellen Sie sicher, dass Sie eine großartige Beziehung mit diesem Teil von Ihnen haben.

Sobald Sie das getan haben, werden Sie bereit sein, dass der perfekte Partner in Ihr glückliches, positives, fantastisches und wundervolles Leben tritt.

Fazit zu “Liebe und Beziehungen”

Wir hoffen, dass Sie das Lesen dieses kurzen Buch über das Gesetz der Anziehungskraft genossen haben und nun verstehen, wie es in Bezug auf die Liebe und Beziehungen funktioniert.

Viele Geheimnisse des Gesetzes der Anziehungskraft wurden bearbeitet und es wurde verdeutlicht, warum es so wichtig ist, sich gut zu fühlen, warum Sie aufhören sollten, sich zu beschweren, was der Unterschied zwischen der bedingten und der bedingungslosen Liebe ist, wie man effektiv vergangene Beziehungen loslassen kann, wie wir den perfekten Partner für uns gewinnen, wie gute Beziehung aufrecht erhalten und sogar verbessert werden können, warum die Beziehung zu sich selbst die wichtigste Beziehung ist und warum Sie dieser viel Aufmerksamkeit schenken müssen.

Dieses kurze, auf den Punkt kommende Buch sollte in der Lage sein, Ihnen zu helfen, die Kunst des „Selbst-seins“ zu beherrschen!

Letztendlich haben Sie alle Antworten bereits in sich selbst parat - alles, was Sie tun müssen, ist zu lernen, auf Ihr eigenes inneres Leitsystem zu hören.

Frieden und Segen sei mit Ihnen und mögen all Ihre Beziehungen sich drastisch verbessern!

Einführung

Einfluss und Macht

Das Buch wird Sie mitnehmen auf eine kleine Entdeckungsreise der Geheimnisse, die der Gesellschaft vorenthalten werden. Das Ziel dabei ist, Ihnen zu zeigen, wie Sie diese Geheimnisse zu Ihrem Vorteil nutzen können. Sie werden lernen, wie Sie das sein, wissen und haben können, was Sie wollen. Und Sie werden erkennen können, wer Sie wirklich sind, was wahre Macht tatsächlich ist und wie Sie tiefgreifenden Einfluss auf andere haben können.

Die meisten Informationen, die in diesem E-Book bearbeitet werden, sind solche, die bei der Produktion des Filmes „The Secret“ (Das Geheimnis) weggelassen wurden. Der Zweck dieses Buch ist es, all das, was verborgen gehalten wurde, ans Licht der Wahrheit zu bringen, wo Sie selbst darauf schauen können, den Wert dessen erkennen und sich selbst ein eigenes Urteil dazu bilden können.

Es ist nicht die Absicht des Autors, Ihre persönlichen Überzeugungen in irgendeiner Weise zu ändern. In der Tat hat jede Form des Glaubens auf diesem Planeten einen eigenen Wert. Wenn Sie sich aber dazu gedrängt fühlen, diese Geheimnisse zu erlernen, dann ist durch das Gesetz der Anziehungskraft selbst dieses Buch genau das, was Sie lesen sollten.

Zugegeben, das ist ein sehr kurzes Buch zu dem sehr wichtigen Thema der Geheimnisse, die Ihnen vorenthalten wurden. Sehen Sie also diese Lektüre nur als einen ersten Schritt an, um Ihren Geist zu öffnen und die Möglichkeit zu erkennen, dass die Dinge tatsächlich in unserer Welt viel besser sein können, als Sie es momentan vielleicht denken oder glauben können.

Sehen Sie dieses Buch als einen Katalysator bei der eigenen Untersuchung des Lebens und nicht als die Antwort auf jede Frage, die Sie haben könnten.

Kommen Sie also mit auf eine Entdeckungsreise und finden Sie heraus, wer Sie wirklich sind und welche Fähigkeit Sie haben, sich eine unendliche Menge von Macht und Einfluss zu erschließen, die Sie tatsächlich bereits haben.

Sind Sie bereit?

Großartig!

Lassen Sie uns anfangen.

Die versteckten Geheimnisse in Bezug auf das Gesetz der Anziehungskraft

Der Film "The Secret" erschien im Jahr 2006 und bis zum heutigen Tag ist es der Film, der das Gesetz der Anziehungskraft so populär in der Öffentlichkeit gemacht hat. Es ist fast schon so, dass wenn man das Gesetz der Anziehungskraft nur erwähnt, dann assoziieren die Menschen sofort diesen Film mit dem Konzept.

Der Film stellt einige der Top-Experten auf dem Gebiet des Gesetzes der Anziehungskraft vor, zu denen unter anderem John Assaraf, Rev. Michael Beckwith, John Demartini, Bob Proctor, Jack Canfield, Joe Vitale, Lisa Nichols, Marie Diamond und John Gray gehören.

Dieser Dokumentarfilm unterstützt die Idee und das Konzept, dass Menschen ihre eigene Realität kreieren durch die Gedanken, die sie denken und durch die

Gefühle, die sie in das Universum hinaus senden. Der Film zeigt Beispiele auf, wie durch das Denken an etwas Bestimmtes, was man haben wollte, dies dann auch fast wie von Zauberhand zu den Personen gekommen ist.

Wenn Sie zum Beispiel ein neues Haus haben wollen, dann müssen sie nur darüber nachdenken bis zu dem Punkt, an dem Sie tatsächlich glauben, dass sie es bekommen werden. Aber gemäß dem Film liegt das Geheimnis darin, dass man wirklich das, was man haben will, visualisieren muss.

Was Sie also beim Beispiel mit dem Haus tun müssen ist, die Augen zu schließen und sich das Haus in allen Einzelheiten vorzustellen und zwar so, als ob Sie es bereits haben – stellen Sie es sich in allen Details vor und lassen Sie all Ihre Sinne daran beteiligt sein. Die Empfehlung, die im Film gegeben wird, sieht vor, dass man sich eine Visionstafel (oder Übersicht) erstellen sollte, auf der sich alles befindet, was Sie haben wollen.

Während Sie das tun, wird durch das Gesetz der Anziehungskraft alles geradezu auf magischem Weg zu Ihnen kommen.

Es war John Assaraf, der sagte, dass er ein Bild von seinem perfekten Haus aufbewahrt hatte. Als er nach fünf Jahren, oder auch etwas später, den Dachboden seines Hauses aufräumte, fand er wieder das Bild des Hauses, das er schon vergessen hatte. Zu seiner Überraschung entsprach das Haus, das er gekauft hatte, genau dem Haus auf dem Bild!

So ist die Idee - oder das Konzept - hinter dem Gesetz der Anziehungskraft die, dass Gleiches

Seinesgleichen anzieht und das, was ihren Gefühlen entspricht, das werden Sie in Ihr Leben ziehen. Wenn Sie sich also jederzeit gut fühlen, dann wird durch das Gesetz der Anziehungskraft, alles, was Sie haben wollen, zu Ihnen kommen.

Einer der Gründe, warum der Film so beliebt war, ist, dass die Produzenten und Investoren des Films einiges geändert haben, um die Botschaft für die Öffentlichkeit so schmackhaft wie möglich zu machen. Mit anderen Worten – die Substanz wurde auf dem Altar der Wahrheit zugunsten des Konsums und des Vertriebs geopfert!

Aber das ist okay. Es ist okay, weil das auch bedeutete, dass so viel mehr Menschen die Grundlagen, oder zumindest ganz allgemein die Informationen über das Gesetz der Anziehungskraft bekommen haben. Der Film ebnete im Grunde denjenigen Menschen den Weg, die dieser Botschaft bisher etwas skeptisch gegenüber waren.

So gehörte zu diesen Veränderungen auch, dass einige Informationen und sogar ein spiritueller Guru bewusst aus dem Film geschnitten wurden. Aber, **was könnte ironischer sein als ein Film über ein großes Geheimnis, bei dem die tatsächlichen Geheimnisse herausgeschnitten wurden?** Es ist leicht zu beweisen, dass es passiert ist, weil in den ersten 200.000 Exemplaren diese Geheimnisse und der Lehrer noch enthalten waren.

Der Film erwies sich als ein größerer Erfolg, als man es sich vorstellen konnte und vielleicht hat die

Verwässerung der Botschaft dazu beigetragen. Andernfalls wäre es nicht einmal annähernd zu dem Einspielergebnis von über 65 Millionen Dollar gekommen.

So stellt sich dann die Frage, was und wer die Geheimnisse sind, die aus dem Film geschnitten wurden.

Ursprünglich ging es in dem Film in erster Linie um eine spirituelle Lehrerin namens Esther Hicks. Rhonda Byrne, eine der Produzenten des Films, hatte Esther gefragt, ob sie eine ihrer Workshops auf einer Kreuzfahrt filmen könnte. Esther stimmte dem zu.

Der Punkt ist, dass Esther Hicks sich als die wichtigste Quelle der tatsächlichen Geheimnisse erwies, um die es in der Originalfassung des Films geht. Esther Hicks´ Fähigkeit zu artikulieren und über diese Geheimnisse des Gesetzes der Anziehungskraft zu sprechen war so weit fortgeschritten und so tiefgehend, dass sogar andere, einflussreiche geistige Persönlichkeiten wie Dr. Wayne Dyer ihre Workshops besuchten. Dr. Wayne Dyer war sogar schon die Nr. 3 auf Watkins Liste der Top 100 der spirituell einflussreichsten Menschen, die auf diesem Planeten leben, und wurde nur noch vom Dalai Lama und Eckhart Tolle übertroffen. Und welche Seminare besuchte er? Die von Esther Hicks!

Was hat dies alles mit Macht und Einfluss zu tun?

Die Antwort ist: ALLES !!!

Um alle Geheimnisse zu erklären, bräuchte man allein dafür ein komplettes Buch. Deshalb wollen wir uns hier nur darauf konzentrieren, wie sich diese Geheimnisse auf die Macht und den Einfluss auswirken und wir beginnen damit, dass wir herausfinden, wer Sie wirklich sind.

Wer Sie wirklich sind

Möchten Sie eines der großen Geheimnisse kennen, die im Film weggelassen wurden? Sie haben ein inneres Wesen, oder ein höheres Selbst, oder eine Seele - wenn man so will.

Dieses höhere Selbst ist immer bei Ihnen und gibt Ihnen die Führung durch Ihr eigenes, inneres Leitsystem. Das ist das, was man auch Ihr Bauchgefühl oder ihre Intuition nennt. Sie hatten dieses interne Leitsystem schon ab dem Zeitpunkt Ihrer Geburt.

Wir alle sind auf die gleiche Weise in diese Welt gekommen. Als Sie geboren wurden, da kamen Sie glücklich in diese Welt, putzmunter und mit leuchtenden Augen und, fröhlich und „voll" von sich selbst. Sie kannten Ihre Bestimmung und wussten, wie wertvoll Sie sind.

Sie wussten, dass Sie nichts beweisen mussten. Sie wussten, dass das gesamte Universum und alle Menschen um Sie herum da waren, um Sie zu unterstützen und zu lieben, um Sie zu nähren und Ihnen zu helfen auf Ihrem Weg. Sie fühlten sich dazu berechtigt, alles zu haben, was gut war und was Sie haben wollten. Sie hatten ein sehr positives Selbstwertgefühl und ein absolutes Selbstvertrauen.

Aber als Sie älter wurden, begannen die Dinge sich zu verändern. Sie traten ein in das öffentliche Schulsystem. Plötzlich erkannten Sie, dass es da große Menschen gab, denen Sie gehorchen mussten, weil Sie sonst eine Menge Ärger bekommen würden.

Sie haben auch gelernt, dass man sich vielen Dingen anpassen und manche Dinge glauben muss, unabhängig davon, ob es Ihnen sinnvoll erschien. Ihr eigenes kostbares Herz wurde so sehr früh und so gründlich im Leben erstickt, dass Sie dann beschlossen, Ihr eigenes internes Leitsystem aufzugeben und anderen zu erlauben, Sie stattdessen zu lenken. Warum?

Weil Sie wirklich keine andere Wahl hatten! Sie fanden bald heraus, dass jedes Mal, wenn Sie Ihrem Herz gefolgt sind, dann Ihr Lehrer oder Ihre Eltern oder Ihre älteren Geschwister oder ein einflussreicher, kontrollierender Freund Sie gleich wieder zurecht stutzte.

Wenn Sie also ein Astronaut werden wollten, dann war mit absolut hoher Wahrscheinlichkeit jemand da, um Sie zu entmutigen. Wenn es Ihre Leidenschaft war, ein Maler zu sein und Sie sogar gut darin waren, dann gab es bestimmt jemanden, der Ihnen sagte, dass Sie nie genug Geld mit dem verdienen können, was Sie eigentlich lieben - und dass Sie wirklich realistisch sein sollten.

Ihnen wurde gesagt, dass Sie einer Arbeit nachgehen

sollten, auch wenn Sie diese nicht mögen, dass sie notfalls wie ein Hund für den Rest Ihres Lebens arbeiten müssen, Ihre Steuern bezahlen, ehrlich sein und ein guter Bürger werden, d.h. sie müssen sich anpassen.

Sie haben dies so früh im Leben gelernt, dass Sie sich nicht einmal daran erinnern, was Sie eigentlich werden wollten, als Sie noch ein Kind waren. Vielleicht durften Sie nicht einmal davon träumen!

Fast alle von uns haben diese Erfahrung gemacht.

Wenn Sie also nicht das sind, was Sie tatsächlich sein sollten - wer sind Sie dann wirklich? Gemäß der besten Expertin in Bezug auf das Gesetz der Anziehungskraft, Esther Hicks, sind Sie Folgendes: Sie sind ein göttliches Wesen, das eine menschliche Existenz hat, und Sie sind hier, um durch den Kontrast herauszufinden, was sie haben wollen, um dadurch Klarheit über das zu erzielen, was Sie haben wollen.

Und es passiert durch den Kontrast in Ihrem Leben, dass Sie leistungsstarke Raketen des Verlangens nach dem, was Sie haben wollen, hinaus schießen. Wenn Sie diese starken Raketen des Verlangens in das Universum mit ihren Gedanken und Gefühlen hinaus schießen, dann beantwortet das Universum jeden Wunsch, jedes Bedürfnis und jedes Verlangen Ihres Herzens auf eine Art und Weise, die Ihre höchsten Erwartungen übertrifft, wenn ...

Und das ist ein großes „WENN“! Wenn Sie es glauben, es erwarten und es zulassen werden!

Es ist so, als ob Sie einen magischen Geist in der Tasche haben, der Ihnen aber nicht nur drei, sondern unendlich viele Wünsche erfüllt!

Sie sind also tatsächlich dieses mächtige, geistige Wesen, das eine menschliche Existenz hat, so wie Dr. Wayne Dyer es beschreibt. Sie sind ein Teil von Gott oder des Universums, oder von all dem, was existiert, oder ein Teil der Energiequelle - wie auch immer Sie es nennen wollen. Darüber hinaus sind Sie wirklich ein bedingungslos liebendes Wesen, das verstanden hat, dass es ein eigenes internes Leitsystem bereits in sich hat.

Sie haben unbegrenzte Möglichkeiten. Sie haben starke, kreative Fähigkeiten. Wer und was Sie sind ist so erstaunlich, dass man es kaum begreifen kann. Sie sind auch die am besten ausgeprägte Form der Energiequelle, nicht irgendein kleines Wesen, das irgendetwas zu beweisen hat.

Wenn Sie hier sind, was Sie ja sind, dann sind Sie es wert. Sie wären nicht hier, wenn Sie nicht ein wichtiger Bestandteil der Energiequelle wären. Sie sind ein wesentlicher und wichtiger Teil der Energiequelle, egal wer Sie sind. Wenn Sie das Beispiel des menschlichen Körpers nehmen, dann wissen Sie, dass alle lebenswichtigen Organe des Körpers eine sehr wichtige Rolle für das Überleben des Körpers spielen. Sie brauchen jedes einzelne von ihnen, um zu überleben.

Die Quelle - oder Gott, oder das Universum - liebt Sie mehr als es Ihnen bewusst ist, aber was wir an der ganzen Sache verstehen müssen ist, dass so wie wir alle an das Gesetz der Schwerkraft gebunden sind, so sind wir auch vom Gesetz der Anziehungskraft abhängig.

Das Universum ist auf Zustimmung gegründet und

es reagiert nur auf Ihre Schwingungsfrequenz. Das bedeutet, dass wenn Sie sich schlecht fühlen, dann werden Sie andere Menschen, Umstände und Ereignisse in Ihr Leben ziehen, die Ihrem schlechten Gefühl entsprechen. Deshalb sagt man auch: „Vögel mit gleichen Federn finden zu einer Herde zusammen“. Das ist auch der Grund, warum Menschen solche Freunde um sich haben, die eine bestimmte Schwingungsfrequenz haben, und sie alle haben diese Vibrationen auf einem ähnlichen Niveau.

Wenn Sie sich also gut fühlen und wenn Sie in der Lage sind, das gute Gefühl weiter aufrecht zu erhalten, dann werden Sie andere Menschen, Umstände und Ereignisse in Ihr Leben ziehen, die Ihren guten Gefühlen entsprechen.

Das Universum kennt das Wort „Nein“ nicht! Wenn Sie daher „Nein zum Krieg“ oder „Nein zu Drogen“ oder „Nein zur Gewalt“ schreien, dann hört das nur „Ja“! Mit anderen Worten: Sie bekommen das, worüber Sie nachdenken, ob Sie es wollen oder nicht.

Dies ist ein großes Geheimnis, das aus dem Film herausgeschnitten wurde. Mutter Theresa verstand dieses Konzept als sie sagte: „Ich werde nicht gegen den Krieg marschieren, aber ich werde für den Frieden marschieren!“ Sie wusste, dass durch das Gesetz der Anziehungskraft die Rufe „Nein zum Krieg“ die Wahrscheinlichkeit eines solchen erhöhen werden, und diese dann noch weiter verbreitet sein werden, als sie es jetzt schon sind.

Können Sie sehen, wie dieses Wissen Ihnen wirklich

helfen kann, um sich selbst und andere zu bevollmächtigen?

Der Punkt ist, dass es nichts Wichtigeres für Sie gibt, als sich gut zu fühlen, egal was los ist. Wenn Sie unabhängig von Ihrer aktuellen Realität sich gut fühlen, dann haben Sie sich selbst bevollmächtigt, Ihre Realität zu erschaffen, anstatt sich dieser stellen zu müssen.

Die Worte, die Esther sagte: „stell Dich nicht der Realität – erschaffe Deine Realität", machen so hoffentlich jetzt mehr Sinn für Sie.

Es mag seltsam erscheinen, aber können Sie jetzt verstehen, warum es am besten für Sie ist, sich nie über irgendetwas zu beschweren? Nun, in dieser Welt der Vielfalt und aller Art von Dingen, die wir nicht haben wollen, wie können wir uns da nicht beschweren?

Gute Frage! Es gibt eine andere Erklärung von Esther Hicks, und die besagt: „Andere können Ihre guten Gedanken über sie nicht verdient haben, aber Sie tun es! Sie verdienen es, gute Gedanken über andere zu haben!" Ist das jetzt sinnvoll für Sie?

Wenn Sie sich über jemanden beschweren, sind Sie eigentlich dabei, sich selbst zu verletzen! Wie werden Sie sich selbst verletzen? Wenn Sie sich über andere beschweren, dann halten Sie tatsächlich das Universum davon ab, Ihnen das zu liefern, was Sie haben wollen.

Es ist fast so, als ob das Universum ein Postbote ist, der bereit steht um Ihnen all das zu liefern, was Sie bestellt haben. Durch den Kontrast Ihres Lebens haben Sie entschieden, was sie haben möchten und so die Bestellung aufgegeben.

Aber dann ließen Sie sich hinreißen zu einem negativen, verbalen Amoklauf gegen Ihren Chef, oder Ihre Mitarbeiter, oder Ihr Ehepartner, oder eines Ihrer Kinder. Was ist dann passiert? Die Nachricht wurde an den Universal-Postboten geschickt, dass Sie nicht bereit waren, Ihr Paket entgegen zu nehmen.

Die kleinen Fähren des Universums, die gerade versuchten, Ihren idealen Partner, eine Menge Geld, den perfekten Job, das schöne Haus, das Auto oder den Urlaub zu liefern, bekamen den Auftrag, die Ware zurück an den Absender zu schicken, weil Sie nicht auf der richtigen Wellenlänge waren, um das zu empfangen, was Sie eigentlich wollten.

Die Quelle wird Sie nie entmutigen und Sie auch nicht aufgeben - niemals. Aber wenn Sie nur Ihre Vibrationen dazu bringen, dass Ihr Sollwert bei der Schwingungsfrequenz hoch bleibt, dann wird alles, was Sie schon immer haben wollten, bei Ihnen abgeliefert werden.

Dieses Geheimnis wurde ebenfalls in der endgültigen, aber verwässerten Version des Films herausgelassen. Der Punkt ist, dass alles, was Sie wirklich zu tun haben, um alles zu bekommen, was Sie jemals in Ihrem Leben haben wollten, ist, dass Sie aufhören zu jammern, wütend zu sein, negative und frustrierende Gedanken zuzulassen, sich einsam oder mangelhaft zu fühlen oder sich Sorgen und Stress zu machen wegen dem Geld. Hören Sie auf, die Dinge zu tun, die immer wieder das kreieren, was Sie schon haben und ständig wieder neu erschaffen.

Wenn Sie einfach nur damit aufhören würden und einen ganzen Monat lang keine negativen Gedanken und Gefühle zulassen würden, dann würde Ihr Leben sich so schnell verändern, dass die Menschen um Sie herum verblüfft davon wären, wie schnell sich Ihr Leben zum Positiven verändert hat.

Sie würden Sie fragen, was mit Ihnen passiert ist!

Wie haben sie das nur gemacht? Wie kommt es, dass Sie plötzlich alles bekommen, was Sie haben wollen, und es scheint so, dass sie nur darum bitten müssen? I

hre Antwort wäre einfach, dass Sie endlich gelernt haben, alle negativen Gedanken, Sorgen, Zweifel, Frustrationen und alles Schlechte sein zu lassen. Sobald Sie das getan haben, hat alles angefangen, sich zu Ihren Gunsten zu drehen.

Haben Sie jemals versucht, sich 24 Stunden lang über nichts zu beschweren? Beginnen Sie zuerst damit! Versuchen es dann weiter, bis Sie es 48 Stunden lang durchhalten, danach 3 Tage, dann eine Woche, dann zwei Wochen und dann einen ganzen Monat lang.

Es ist wirklich ganz einfach, wie es funktioniert. Wenn Sie einen Gedanken haben und es fühlt sich negativ an, dann ist das nicht ein Gedanke aus Ihrem höheren Selbst - das ist ein Gedanken, den Sie in einer niedrigeren Schwingungsfrequenz fühlen und der daher aus Ihrem physischen Verstand kommt.

Woher wissen Sie das?

Weil Ihr höheres Selbst Ihnen nie ein negatives Gefühl geben würde durch irgendeinen Gedanken. Denken Sie daran, dass es sehr eng mit Quelle verbunden ist - es ist ein Teil der Quelle, so wie Sie ein Teil der Energiequelle sind. Aber Ihr höheres Selbst hat den Vorteil einer breiteren Perspektive. Er kennt Sie besser als Sie sich selbst!

Eines der anderen Geheimnisse um das Gesetz der Anziehungskraft ist, dass Sie die am stärksten ausgeprägte Form der Energiequelle sind und nicht weniger. Den Begriff „höheres Selbst" zu verwenden ist ein wenig irreführend, weil Ihr Höheres Selbst nicht wirklich „höher" ist als Sie.

Unsere materielle Welt ist eigentlich die am weitesten entwickelte Form der Energiequelle. Gott, das Universum, oder die Quelle ist mehr an ihrer physischen Welt interessiert, als Sie es wahrscheinlich realisieren. Können Sie sehen, wie mächtig Sie jetzt sind?

Ein weiteres Geheimnis, das absichtlich aus dem Film gestrichen wurde, ist das was Einstein sagte, nämlich dass Alles Energie ist, die aus einer Mischung von Materie, Vibrationen und Frequenzen besteht. Sie sind ein Meister der Interpretation von Schwingungen; so ist alles, was Sie berühren, sehen, schmecken, fühlen und hören für Sie die Interpretation einer bestimmten Schwingungsfrequenz. Das, wovon Sie denken dass es massiv ist, ist überhaupt nicht massiv!

Unter einem entsprechenden Mikroskop könnten Sie direkt durch Ihre Hand hindurch sehen, denn sie besteht zum größten Teil aus einem Raum mit winzigen Stückchen Materie, die man subatomare Teilchen nennt, wie zum Beispiel Elektronen und Protonen und anderen super kleinen Teilchen der Materie, die auch noch hin und her springen. Jegliche Materie ist so ausgebaut – seien es die Felsen, der Schmutz, die Bäume oder alle Lebewesen. Es sind alles Schwingungen - alles davon vibriert mit einer bestimmten Frequenz.

Aber sogar Ihre Gedanken sind real. Es sind Schwingungsfrequenzen, die Sie in das Universum hinaus senden. Betrachten Sie sie als Radiowellen, die keine Grenzen haben. Wussten Sie, dass jede Radiosendung, die jemals ausgestrahlt wurde, immer noch unterwegs ist bis zu den Enden des Universums? So wie diese ausgestrahlten Radiowellen sind Ihre mächtigen Gedanken ausgesandt ins Universum - ohne Einschränkungen und ohne Grenzen.

Haben Sie schon einmal an jemandem gedacht, der Sie schon lange nicht mehr angerufen hatte, und ausgerechnet diese Person ruft Sie am nächsten oder übernächsten Tag an? Zufall? Nein – sie kamen darauf, weil Sie zuerst an sie gedacht haben.

Wenn Sie sich gut fühlen, dann sind das Sie in totaler Übereinstimmung mit Ihrem höheren Selbst oder Ihrem inneren Wesen – dass ist der göttliche Teil der Quelle von Ihnen. Wenn Sie sich schlecht fühlen, dann sind das Sie, aber getrennt von diesem Teil in Ihnen, obgleich Sie nie ganz getrennt sein können.

Was ist also Macht und wie unterscheidet sie sich von der Gewalt? Was ist wahre Macht?

Lassen Sie uns das im nächsten Kapitel herausfinden.

Macht vs. Gewalt

Was ist der Unterschied zwischen Macht und Gewalt? Der Unterschied ist, dass wahre Macht von einem Ort der bedingungslosen Liebe und der Gewissheit, wer man selbst ist, kommt.

Deshalb haben wir uns damit auch detailliert befasst. Gewalt kommt von einem Ort der Angst, die eine niedrigere Schwingungsfrequenz hat. Aber was Sie unbedingt verstehen müssen, ist, dass derjenige, der mit der Quelle der Energie verbunden ist, mehr Macht hat als Millionen und dass die Macht jederzeit die Gewalt übertrumpft.

Wenn Sie sich ansehen, wie unsere Regierungen gebildet werden mit all den Gesetzen, die aufgeschrieben sind, glauben Sie, dass diese eingesetzt wurden vom Standpunkt der Macht aus oder sind sie geprägt von der Gewalt? Die meisten unserer Gesetze wurden von Menschen verabschiedet, die sich auf einer niederen Schwingungsfrequenz der Gewalt befinden, was auch ein

Gefühl von Angst und Mangel zur Folge hat.

Die Gewalt wird von Menschen beansprucht, die sich nicht wirklich im Klaren darüber sind, wer sie sind, und die sich weiterhin in den unteren Schwingungsfrequenzen bewegen. Unser gesamtes Rechtssystem ist eine einzige Schmiede der Angst, Stress und Furcht vor den Gesetzen und Behörden, dem Justizsystem und Steuersystem vor vielen anderen Organen der Regierung.

Gewalt kann missverständlich als Macht ausgegeben werden, aber für diejenigen, die die wahre Macht kennen und verstehen, ist die Gewalt damit nicht mal annähernd vergleichbar.

Wie bereits erwähnt ist einer, der an die Quelle angeschlossen ist, mächtiger als Millionen, die es nicht sind. Aber warum ist das so? Der Grund liegt darin, dass eine Person, die mit der Energiequelle verbunden ist, mit der Vibrationen all dessen im Einklang ist, was gut ist und nur den Frequenzen entspricht, die gute Gefühle beinhalten.

Praktisch gesehen könnte jemand, der wirklich in Verbindung mit dieser Macht steht und sich dessen bewusst ist, wer er ist, jemand anderem, der ihm eine Waffe an den Kopf hält, sagen: „Das Geschoss kann unmöglich für mich sein, weil ich ein viel zu gutes Gefühl habe!"

Es kann eine Weile dauern bis Sie an den Punkt kommen, wo Sie sich so gut fühlen unabhängig davon, was in Ihrer Realität los ist. Aber die Wahrheit ist, dass sich bei der Macht alles darum dreht, wie hoch Ihre normale Schwingungsfrequenz ist. Anders ausgedrückt: je höher Ihre Schwingungsfrequenz ist, desto größer ist die Macht, zu der Sie Zugang haben.

Ein gutes Beispiel für jemanden, der Macht ohne Gewalt demonstriert hat, ist Mahatma Ghandi. Er führte sein Volk von Indien von einem Standpunkt der Gewaltlosigkeit aus und sicherte sich so die Verehrung seines eigenen Volkes aufgrund seiner Fähigkeit, nur mit der Macht zu regieren, die in ihm war, und durch den Verzicht auf jegliche Gewalt.

Das Problem mit der Anwendung von Gewalt ist, dass dadurch solche Gedanken und Gefühle angezogen werden, die den Vibrationen entsprechen, die solch ein Akt der Gewalt mit sich bringt. So kommt es auch, dass wir „Nein zum Krieg“ schreien und dabei noch mehr davon bekommen. Wenn wir gegen jemanden kämpfen, dann machen wir das nur noch schlimmer.

Aber Macht ist ganz anders. Lassen Sie uns jetzt betrachten, was wahre Macht ist.

Wahre Macht

Die wahre Macht wird Sie an den Punkt bringen, an dem Sie das Gefühl haben werden, unbesiegbar zu sein, weil Sie genau wissen, wer Sie Sie wirklich sind, und Ihre Fähigkeit kennen, Ihre Realität so zu erschaffen, wie Sie es haben möchten.

Wahre Macht ist das Verständnis dafür, dass Sie alles sein, tun und haben können, was Sie wollen, und dass Ihr Glaubenssystem und Ihre Erwartungen ausschlaggebend dafür sind, alles zu empfangen, was Sie wollen.

Wahre Macht zu haben bedeutet, das Gesetz der Anziehungskraft und dessen Funktionsweise zu verstehen und zu erkennen, wie Sie dadurch die Kontrolle über Ihre Erfahrungen im Leben haben.

Wenn Sie also Sicherheit wollen, dann denken Sie die guten Gedanken darüber, wie es sich anfühlt, sich sicher zu fühlen. Wenn Sie aber Sicherheit haben möchten, weil Sie Angst vor jemandem oder etwas haben, was denken Sie dann passiert? Sie sind eher dabei, das Problem anzuziehen anstatt der Lösung.

Ihre Gedanken sind mächtig und Ihre Gefühle sind noch viel mächtiger. Verwenden Sie Ihre Gedanken mit Bedacht und wahre Macht kann Ihnen gehören.

Eines der Probleme, die Menschen mit dieser Philosophie haben, die tatsächlich im direkten Zusammenhang mit dem Gesetz der Anziehungskraft steht, ist der Punkt, dass es Ihnen zu schwach oder zu passiv erscheint.

Menschen wollen immer für ihre Begrenzungen kämpfen und sie werden fast alles dafür tun, um keiner neuen Idee und keinem Konzept zu erlauben, ihr aktuelles Glaubenssystem zu verändern. Und so fühlen wir uns oft so, dass wir bewaffnet und bereit sein müssen, die „schlechten Menschen" da draußen zu bekämpfen.

Aber das Gesetz der Anziehungskraft besagt im Grunde nur, dass Sie alles in Ihrem Leben auf der Basis Ihrer eigenen Schwingungsfrequenz anziehen.

Wenn Sie sich also großartig fühlen, wenn Sie eine Leidenschaft in Ihrem Leben haben und wenn Sie sich wunderbar fühlen, dann werden Sie nie den Vibrationen von denjenigen entsprechen, die Ihnen Schaden zufügen wollen würden.

Dieses Konzept ist ein sehr Leistungsfähiges! Mit anderen Worten: je besser Sie sich fühlen, desto geringer ist die Wahrscheinlichkeit, dass Ihnen jemand in irgendeiner Weise schaden kann - sei es physisch, finanziell, geistig oder emotional!

Ihr Schutz beruht nicht darauf, dass Sie sich dazu entschieden haben, eine Pistole zu kaufen und sie in

Ihrem Schrank in Ihrem Haus haben. Das ist die Energie der Gewalt, und nicht die der Macht. Ihr Schutz kommt aus dem Verständnis und Ihrem Wissen darüber, wie das Gesetz der Anziehungskraft funktioniert, und dass niemand Ihnen schaden kann, solange Sie nicht durch die Senkung Ihrer Schwingungsfrequenz dazu einladen.

So kommt Ihre wahre Macht aus Ihrer Erkenntnis. Ihre wahre Kraft kommt daher, dass Sie wissen, wer Sie sind und wie das Universum funktioniert.

Wenn Sie absolute Ruhe und Ausgeglichenheit in sich selbst fühlen, dann sind Sie mächtig.

Aber dann könnte man meinen oder das Gefühl haben, dass es nicht so aussieht, dass diejenigen mit den höheren Vibrationen der Liebe, Ruhe und Ausgeglichenheit mächtige Personen sind. Es kann so aussehen, dass diese Person, die in sich selbst ruhig und ausgeglichen ist, schwach ist, denn es passiert ja nichts - keinerlei Aktion, die demonstrieren könnte, ob sie diese Macht hat oder nicht.

Aber dieses Denken ist fehlerhaft! Lassen Sie uns den Grund dafür an einem Beispiel anschauen. Tiger schlafen fast 20 Stunden am Tag. Sie sind nur 4 Stunden pro Tag wach um zu jagen, Beute zu machen, Wasser zu trinken und alles Nötige zu erkunden. Die meiste Zeit schläft ein Tiger also.

Würden Sie sagen, dass ein schlafender Tiger schwach ist, weil er den ganzen Tag lang nicht viel tut? Nein, das würden Sie nie behaupten! Sie wissen, dass der Tiger in sich die Kraft hat, zu einem bestimmten Zeitpunkt in Aktion zu treten. Sie wissen, dass ein Tiger seine eigene wahre Macht kennt.

Sie würden nie einen schlafenden oder ruhenden Tiger als schwach bezeichnen. Sie würden nie seine Fähigkeit unterschätzen, in einer leistungsfähigen Art und Weise handeln zu können.

So ist es auch mit Ihrem Wissen darüber, wer Sie wirklich sind und wie das Gesetz der Anziehungskraft etwas mit jeder Erfahrung zu tun hat, die Sie in Ihrem Leben haben. Daher wissen Sie auch, dass Ihnen nichts Schlimmes passieren kann oder wird, es sei denn dass Sie auf einer entsprechenden Vibrations-Ebene dazu sind.

Das ist es, wie es funktioniert. Das ist, wie das Gesetz der Anziehungskraft funktioniert. Sie ziehen alles in Ihrem Leben an, sei es das Gute oder das Schlechte. Dies ist eines der großen Geheimnisse!

Dieses Konzept darüber, wie wir alles in unserem Leben anziehen - ob es gut ist oder schlecht – wurde nicht durch den Film „The Secret" ans Licht gebracht, sondern durch einen Experten des Gesetzes der Anziehungskraft, und zwar in der „Larry King Live" TV-Show.

Kurz nachdem der Film herauskam, hatte Larry viele Experten zum diesem Thema in seiner Show. Alle von Ihnen haben Larrys Fragen nacheinander beantwortet und die Show war ziemlich reibungslos. Aber dann fragte Larry eine Frage, die niemand beantworten wollte, bis auf eine Person: Dr. Joe Vitale.

Larrys Frage an die Expertengruppe war: „Wie kann man also erklären, dass einem schlechte Dinge widerfahren?" Einige Sekunden lang herrschte eine

Totenstille. Aber dann brach Dr. Joe Vitale das Schweigen und sagte die schwer zu erzählende Wahrheit: „Nun, ich glaube, dass wir alles anziehen, was in unserem Leben passiert - sowohl die guten als auch die schlechten Dinge“.

Später gab Joe zu, dass eine Menge Leute sich über ihn aufgeregt haben, weil er das gesagt hatte - dass er die Wahrheit sagte!

Es ist wirklich ein zweischneidiges Schwert. Wenn gesagt wird, dass man sein, tun und alles haben kann, was man will, solange man auf der entsprechenden Vibrationsebene ist, dann klingt das wirklich gut und positiv. Aber wenn man sagt, dass man alles im Leben anzieht - die guten und die schlechten Dinge – dann wollen die Menschen es nicht glauben, weil sie denken, dass sie nie etwas Böses in ihrem Leben anziehen würden. Sie würden nie darum bitten!

Natürlich zieht niemand absichtlich schlechte Dinge in sein Leben. Was aber geschieht ist, dass die Menschen nicht verstehen, wie das universelle Gesetz der Anziehungskraft funktioniert. Das Gesetz erscheint unfair, wenn wir schlechte Dinge in unserem Leben anziehen.

Aber die Wahrheit ist, dass wenn Sie die volle Verantwortung für alles übernehmen, was in Ihrem Leben passiert ist und was noch geschehen wird, dann sind Sie frei. Wenn Sie die volle Verantwortung übernehmen, dann haben Sie Zugriff auf Ihre wahre Macht. Wenn Sie die volle Verantwortung für alles in Ihrem Leben übernehmen, dann sind Sie kein Opfer mehr.

Das Gesetz der Anziehungskraft ist absolut universell und tatsächlich ein liebendes Gesetz, obwohl es auf den ersten Blick nicht so aussieht. Aber wenn Sie erkennen, dass das Universum ständig auf Ihre aktuelle Schwingungsfrequenz reagiert, und dass Sie die absolute Kontrolle darüber haben, wie Sie sich fühlen oder welche Vibrationen Sie haben, dann können Sie tatsächlich die vollständige und absolute Macht über Ihre Erfahrungen im Leben haben.

So liegt Ihre wahre Macht in Ihrem Wissen darüber, wie das Universum funktioniert und dass Sie Ihre Erfahrungen in Ihrem Leben durch die Gedanken – und daraus resultierend durch ihre Gefühle - kontrollieren können, die Sie hinaus in das Universum vibrieren.

Nachdem Sie nun mehr über Ihre wahre Macht wissen, wie sieht es da aus mit dem Einfluss, den Sie auf andere haben?

Wir wollen dieses Thema als nächstes betrachten.

Wie man andere beeinflussen kann

Dieses Buch hat bereits auf die ironische Tatsache hingewiesen, dass so viele Geheimnisse aus der Film „The Secret“ (Das Geheimnis) herausgenommen wurden. Aber die wahre Erkenntnis und die Macht ist da, wo Sie die Ironie der Dinge des Lebens verstehen.

Sind Sie bereit für eine weitere ironische Tatsache?

Gut!

Je mehr Sie versuchen, andere zu beeinflussen, desto weniger werden Sie dazu in der Lage sein.

Aber Moment mal - ich habe für dieses E-Book bezahlt, um zu wissen, wie man andere beeinflussen kann, und nun sagen Sie mir, dass ich es gar nicht kann?

Nein, das ist damit nicht gemeint! Was aber gesagt wird ist, dass **je mehr Sie andere beeinflussen wollen, desto weniger werden Sie dazu in der Lage sein.**

Warten, warten, warten Sie eine Sekunde! Der Autor dieses E-Book muss verrückt sein, weil er die gleiche Antwort noch einmal wiederholt! Ich will mein Geld zurück – und zwar gleich! Ich kann nicht glauben, dass ich ein E-Book gekauft habe, das eine direkte Frage nicht beantworten kann! Wie kann ich andere beeinflussen?

Sagen Sie es mir!

Je mehr Sie andere beeinflussen wollen, desto weniger werden Sie dazu in der Lage sein.

Das war´s, wie kann ich mein Geld zurück bekommen!? Wo ist meine Kreditkarte?

Können Sie die Dynamik der Frustration fühlen, die da passiert? Können Sie auch die Dynamik des Humors hier fühlen? Können Sie die Dynamik des Staunens, des Interesses und der mächtigen Fragen fühlen?

Ah, sehr gut! Jetzt wurde all Ihre Aufmerksamkeit auf die Mischung hier gezogen. Denken Sie daran, dass das Leben ein Geheimnis ist in vielerlei Hinsicht, aber wissen Sie was? Sie haben die Macht in sich selbst, alles zu erforschen und ihre eigenen Antworten auf alles im Leben durch das Hören auf Ihr eigenes inneres Leitsystem und das Vertrauen auf sich selbst zu finden.

Ja, ich stimme Ihnen zu, aber bitte sagen Sie mir nur die Antwort auf diese eine letzte Frage!

Okay, sind Sie bereit? **Je mehr Sie andere beeinflussen wollen, desto weniger werden Sie dazu in der Lage sein..**

Oh je, der Autor hat den Verstand verloren. Ist dies eine jener sinnlos erscheinenden Übungen, die mich etwas lehren sollen?

Oder - vielleicht ist das, was Sie wirklich tun müssen, dass Sie die Antwort in sich selbst suchen. Nehmen Sie diese Aussage „je mehr Sie andere beeinflussen wollen, desto weniger werden Sie dazu in der Lage sein" und versuchen Sie, dieser einen Sinn zu geben. Denken Sie darüber einen Moment lang nach. Was wird da wirklich gesagt?

Hier ist ein Tipp. Es geht dabei um die so genannte Dynamik. Die Dynamik beinhaltet im Zusammenhang mit dem Gesetz der Anziehungskraft den Gedanken, dass wenn Sie eine Menge positiver Energie fließen lassen, dann hat diese eine Dynamik, die damit im Einklang ist und diese nicht verlangsamt oder gestoppt werden kann.

Sagen wir mal zum Beispiel, dass Sie auf viele verschiedene Arten an sich selbst gearbeitet haben, um sich wirklich gut in Ihrem Leben zu fühlen. Gehen wir auch davon aus, dass Sie diese hoch fliegenden, guten Gefühle durchgehend einen ganzen Monat lang so beibehalten haben und plötzlich fängt alles, was Sie schon immer haben wollten, fast schon auf magische Art an, für Sie zu arbeiten.

Und dann ist es an der Zeit, um eine Gruppe Ihrer engsten Freunde zu treffen, die Sie lieben und verehren. Aber da gibt es eine Frau in der Gruppe Ihrer Freunde, die dazu neigt, keine guten Gefühle aufkommen zu lassen. Sie ist in der Regel von ihrem eigenen Leben frustriert.

Wie würden Sie diese eine Person in der Gruppe Ihrer Freunde behandeln? Hier ist aber eine noch bessere Frage. Ist es gut, sich in Gedanken damit zu befassen, wie Sie Ihre wehmütigen Freunde beeinflussen können, oder **wäre es besser, sich überhaupt nicht um sie zu**

kümmern und damit auch nicht zu riskieren, die Dynamik der guten, kraftvollen und leidenschaftlichen Energie zu verlieren, auf die Sie gerade jetzt einen guten Zugriff haben?

Macht das jetzt mehr Sinn für Sie? Erinnern Sie sich daran, wie das Gesetz der Anziehungskraft funktioniert? Wem oder was auch immer Sie Ihre Aufmerksamkeit schenken – Sie werden noch mehr solcher Dinge oder Personen anziehen, denn es ist immer die Herausforderung der Vibrationen.

Was denken Sie, wie Sie eine Freundin mit einer niedrigeren Vibration beeinflussen können? Etwa dadurch, dass Sie sich Sorgen machen oder sogar versuchen, sie dazu zu zwingen, sich besser zu fühlen? **Oder eher dadurch, dass Sie diese Freundin als ein göttliches, mächtiges Wesen sehen – was sie auch ist - und sich überhaupt nicht damit befassen, wie Sie sie beeinflussen können oder nicht?**

Können Sie nun langsam die richtige Antwort erkennen?

Können Sie erkennen, dass selbst die Gedanken an diese Person Ihre hochfliegende Energie in Gefahr bringen kann? Es gibt nichts Wichtigeres für Ihre Erfahrung und Ihre Realität im Leben, als sich gut zu fühlen. Aber vielleicht denken Sie jetzt, dass Sie sich doch Sorgen machen um Ihre Freundin ihr helfen möchten – Sie wollen sie beeinflussen!

Gut. Dann machen Sie sich aber keine Sorgen darum, ob Sie es tun oder nicht.

Ist das wieder so eine unsinnig erscheinende Lernerfahrung?

Ja, auf eine bestimmte Art und Weise schon! Der Punkt ist, dass wir alle damit aufhören sollten, uns Gedanken darüber zu machen, was andere über uns denken. Wenn Sie Ihre Aufmerksamkeit auf irgendetwas lenken, was Sie gar nicht wollen, dann stoppen Sie die Dynamik der guten, positiven Energie.

In diesem Fall also, wenn es um das Treffen mit Freunden geht, ist der beste Weg sie zu beeinflussen, sich nicht darum zu kümmern, ob Sie es tun oder nicht. Halten Sie einfach Ihre leistungsfähigen Hochgefühle am Laufen. Sie werden es spüren und sie werden wissen, dass da etwas ist. Sie werden wahrscheinlich mit dem Lächeln nicht mehr aufhören können, als ob Sie im Lotto gewonnen hätten.

Und tatsächlich - wenn Sie erkannt haben, wie das Universum funktioniert - fühlt es sich so an wie ein Lottogewinn, denn das, was Sie dann entdeckt haben, ist, dass es in Bezug darauf, für welche Gefühle Sie sich entscheiden, keine Rolle spielt, was andere Leute über Sie denken. Und **wenn Sie sich Sorgen um Ihren Einfluss auf andere machen, dann verlieren Sie sofort Ihre mächtige Dynamik der guten Energie.**

Mit anderen Worten: wenn Sie sich wohl fühlen, **werden Sie automatisch andere beeinflussen.**

Das ist so wichtig, dass es sich lohnt, es noch einmal zu sagen: Wenn Sie Ihre Schwingungsfrequenz auf hohem Niveau halten, werden Sie automatisch andere beeinflussen. Sie müssen es nie versuchen! Sie müssen einfach Sie selbst sein. Seien Sie Ihr wahres authentisches, selbstbewusstes, glückliches, starkes und unbesiegbares

Selbst!!!

Dann werden Sie nicht nur einen positiven Einfluss auf andere haben, sondern Sie werden es gemeistert haben, dass das Universum Ihnen alles, was Sie jemals wollten, wie durch Magie liefert.

Sie könnten jetzt aber fragen, wie Ihre Freundin depressiv bleiben kann in Ihrer Gruppe von Freunden, wenn jeder doch durch die gleiche Schwingungsfrequenz die anderen anzieht?

Gute Frage! Dies ist natürlich eine hypothetische Annahme, aber es scheint, dass es passieren kann, dass Menschen, die nicht wirklich in ihrer Vibration übereinstimmen, miteinander zu tun haben.

Entweder Ihre deprimierte Freundin ist leicht zu beeinflussen und ihre Vibration erhöht sich, wenn sie in Ihrer Nähe ist, oder sie wird sich einfach von der Gruppe „wegschwingen" und eine Ausrede oder einen Grund finden, um nicht länger ein Teil der Gruppe zu sein. Das ist das, was normalerweise passiert.

Aber noch einmal: Der Punkt ist, dass nichts es wert ist, dass Sie Ihre Dynamik der positiven Energie dafür opfern, denn es ist manchmal gar nicht so einfach, diese wieder zurück zu bekommen. Es gibt wirklich nichts Wichtigeres, als sich gut zu fühlen.

Hier ist etwas zum Nachdenken. Angenommen, Sie hatten 10 Dinge, die in Ihrem Leben abliefen. Drei davon waren zum Beispiel Ihre Liebesbeziehung, Ihr Geld und Ihre Gesundheit, und dann noch sieben andere Dinge. Nehmen wir an, dass neun dieser Dinge wirklich gut liefen, aber mit einer Sache hatten Sie Ihre Probleme.

Wenn Sie sich auf diese eine Sache konzentrieren, die nicht gut ist, dann werden die anderen neun Dinge auch beginnen, nicht gut zu laufen. Und umgekehrt, wenn Sie neun Dinge in Ihrem Leben haben, die nicht gut waren, aber eine Sache läuft gut und Sie sich auf diese eine Sache konzentrieren, dann werden alle anderen neun Dinge auch anfangen, sich zu verbessern.

Das ist die Macht des Fokussierens und der Dynamik. Das ist die Kraft des Gesetzes der Anziehungskraft. Alles könnte schief gehen in Ihrem Leben, aber wenn Sie sich nur auf die eine Sache konzentrieren, die gut läuft und so Ihrer Schwingungsfrequenz erlauben zu steigen, dann würde alles andere ebenfalls beginnen, sich zu verbessern. Und so funktioniert es. Das ist das Gesetz der Anziehungskraft.

Wir kommen ein wenig weg von dem eigentlichen Punkt hier, weil dies nicht direkt zum Thema gehört, wie man andere beeinflusst. Aber können Sie sehen, dass Sie das nicht einmal als ein Ziel haben sollten? Können Sie erkennen, dass Sie durch den Versuch, etwas zu tun, die Senkung Ihrer Vibration riskieren?

Hier ist ein großartiges Beispiel von jemandem, der sich so klar auf seine Gefühle der Wertschätzung und Dankbarkeit konzentrierte, dass es wahrscheinlich sogar sein Leben gerettet hat.

Viktor Frankl war ein Jude, der in ein Konzentrationslager der Nazis zur Zeit des Zweiten Weltkriegs gesteckt wurde. Er war ein österreichischer Neurologe und Psychiater. Er war ein Mann, der die

Kraft seiner Gedanken und Gefühle verstanden hatte, egal wie seine Umstände aussahen und in welcher Realität er sich befand.

Hier hatte er nun die erbärmlichsten Bedingungen, die man sich vorstellen konnte. Es gab nur eine Mahlzeit pro Tag und die sah so aus, dass er den Kopf eines Fisches in einer Schüssel mit Wasser bekam.

Statt Mitleid mit sich selbst zu haben und sich auf den Mangel an Essen zu konzentrieren, entschied er sich stattdessen, auf die Schönheit der Fische, die ihm gegeben wurden, zu achten und bekam so sogar noch eine Wertschätzung und Dankbarkeit für diese.

Seine Haltung der Dankbarkeit hat wahrscheinlich sein Leben gerettet. **Der Punkt ist, dass niemand die Fähigkeit oder das Recht hat, Ihnen Ihre Fähigkeit zu nehmen, sich trotz allem wohl zu fühlen!**

Sie haben die Kontrolle. Sie sind ein leistungsfähiger Mit-Schöpfer. Sie haben die Fähigkeit, sich trotz allem wohl zu fühlen.

Wollen Sie wissen, was die meisten von uns so aufwühlt? Was hält die meisten von uns davon ab, das zu bekommen, was wir wollen?

Es ist einfach die Zeit, der Raum und die Realität, in der wir leben, und unsere eigene Ungeduld, die uns davon abhält, Ergebnisse zu sehen aufgrund unserer Entscheidung, sich zuerst gut zu fühlen.

Was ist der wahre Grund, warum Sie etwas wollen? Ist es nicht der, dass Sie sich besser fühlen, wenn Sie das Gewünschte erhalten haben? Ja! Das Verlangen nach etwas wird durch den Kontrast hervorgerufen und das schafft dann ein klares Bild von dem, was Sie wirklich wollen.

Aber was ist, wenn Sie jetzt begreifen müssen, dass man Ihnen alles umgekehrt beigebracht hat? Dieser Gedanke wurde tatsächlich in dem Film "The Secret" aufgegriffen, aber wir wollen ihn hier weiter führen ...

Warum wollen Sie also etwas, was Sie wollen? Zum Wohlfühlen! Alles, was Sie wirklich wollen ist, dass Sie sich besser fühlen.

Aber so funktioniert das Universum nicht! Die Art und Weise, wie das Universum funktioniert, ist, dass **man das Gefühl zuerst spüren muss, und dann werden Sie bekommen, was Sie wollen.**

Wenn Sie sich einsam fühlen, dann werden Sie noch mehr Einsamkeit anziehen.

Wenn Sie das Gefühl haben, dass Sie pleite und arm sind, dann werden Sie mehr Mangel anziehen. Wenn Sie sich bei der Arbeit gestresst fühlen, dann werden Sie noch mehr Stress bei der Arbeit haben und mehr Dinge anziehen, die Einklang sind mit der Vibration des gestressten Gefühls sind.

Jetzt denken Sie vielleicht, dass es langsam ein bisschen deprimierend ist, dieses E-Book zu lesen!

Ja und Nein! Warum? Weil Sie die Macht haben, Ihre Gedanken zu ändern und sich bei jeder Gelegenheit gut zu fühlen.

Können Sie nun verstehen, warum dieses Kapitel darüber, wie man andere beeinflussen kann, eher davon handelt, warum das jetzt nicht einmal ein Anliegen von

Ihnen sein sollte? Können Sie sehen, warum der einzige Einfluss, den Sie wirklich haben sollten, der Einfluss auf Sie selbst sein sollte, den Sie durch die Macht haben, Ihre Gedanken zu kontrollieren und sich klug zu entscheiden?

Können Sie erkennen, warum es viel wichtiger ist, auf sich selbst und Ihr eigenes Wohlbefinden zu achten, anstatt sich Sorgen darüber zu machen, wie andere Sie sehen oder was sie über Sie denken?

Hier ist noch ein interessanter Gedanke: **was andere von mir denken, ist nicht meine Sache.** Verstehen Sie das?

Es war eine Frau, die über 100 Jahre alt wurde und man fragte sie, was ihr Geheimnis für so ein langes Leben wäre. Sie antwortete: „Ich habe mich aus dem Leben anderer Leute raus gehalten." Mit anderen Worten, sie lebte und ließ andere leben. Sie hat sich nicht selbst mit den Dingen belastet, die andere in ihrem Leben taten.

Okay, wenn Sie ein weiteres kleines Geheimnis darüber wissen wollen, wie das funktioniert, dann lesen Sie das hier: **Der Einfluss, den Sie auf andere haben, ist einfach Ihre Fähigkeit, Ihre hochfliegenden, tollen Gefühle zu halten, unabhängig davon, wo sich die andere Person auf der emotionalen Skala befindet.** Die emotionale Skala umfasst wirklich alle Emotionen, von den niedrigsten bis zu den höchsten. Auf der emotionalen Skala befinden sich 25 Emotionen, wie zum Beispiel Depressionen und Schuldgefühle, bis hin zu den am höchsten fliegenden Gefühlen der Liebe, Wertschätzung, Leidenschaft und Dankbarkeit.

Der Punkt ist, dass Sie die ganze Zeit Einfluss auf

andere haben. Jemanden einfach anzulächeln erhöht bereits die Vibration dieser Person. Jemandem einfach auf die Schulter zu klopfen in Anerkennung für etwas, bringt diese Person dazu, sich besser zu fühlen. Ihre Freundlichkeit und Sanftmut tut Wunder bei anderen.

Ihre Fähigkeit, ruhig und friedlich in einer hitzigen Debatte zu bleiben, macht das Gleiche. Die Art und Weise, wie Sie andere beeinflussen, ist, einfach Sie selbst zu sein - Ihr wahres, authentisches, kraftvolles, göttliches Ich und das die ganze Zeit!

So beeinflusst man andere! Jetzt ist es gesagt. Sind Sie jetzt glücklich?

Es ist zu hoffen, dass Sie den manchmal etwas schrägen Sinn für Humor des Autors genossen haben. Aber Sie sollen wissen, dass es alles aus Liebe geschah und mit dem Wissen, wer Sie wirklich sind - auch wenn Sie gerade erst am Anfang Ihrer Entdeckungsreise auf diesem Gebiet sind.

Das Leben ist schön und wir alle sind stärker miteinander verbunden, als die meisten von uns es verstehen können. Und es ist die Reise des Lebens, für die wir hier sind. Das Leben soll Spaß machen und wunderbar sein!

Also, was ist der beste Rat überhaupt? Werden Sie glücklich! Werden Sie trotz allem glücklich! Finden Sie etwas, was Sie schätzen. Wollen Sie andere beeinflussen? Gut! Dann werden Sie glücklich! Keine Ausreden! Die Ausreden sind gegangen, wie Dr. Wayne Dyer es ausdrückte.

Fazit zu "Einfluss und Macht"

Es hat viele Geheimnisse gegeben, die von der Öffentlichkeit fern gehalten worden sind, und ob dies mit Absicht geschah oder nicht, ist wirklich egal.

Was zählt ist, dass Sie erkennen, wer Sie wirklich sind. Was zählt ist, dass Sie das absolute und wahre Potenzial Ihrer Größe realisieren. Was zählt ist, dass Sie verstehen, dass Sie aufhören müssen, nach Dingen außerhalb von sich selbst zu suchen, um sich gut zu fühlen, und stattdessen sich dazu entscheiden, sich trotz allem gut zu fühlen. Was zählt ist, dass Sie erkennen, dass Sie ein bedingungslos liebendes Wesen sind und dass Sie nicht länger ein Leben mit Bedingungen leben möchten.

Aber von all den Dingen, die so wichtig sind, ist die wichtigste Sache die, dass Sie sich daran erinnern, dass Sie ein eigenes internes Leitsystem haben, das Sie zu all dem hin leitet, was Sie wünschen, wollen und brauchen.

Sie sind ein Teil von Gott. Sie wurden würdig geboren. Sie sind die Form der Energiequelle, die am besten entwickelt ist. Wenn Sie hier sind - und das sind Sie - dann sind Sie ebenso wichtig wie jeder andere Mensch auf der Welt, denn die Energiequelle kann keine Energiequelle sein, ohne all ihre Komponenten, von denen Sie eine sind.

So, umarmen Sie Ihr neues Gefühl der Macht! Seien Sie sich dessen bewusst, wer Sie wirklich sind! Gehen raus in die neue Realität und machen Sie das Beste daraus, indem Sie das Beste in anderen und in Ihrem Leben sehen. Schätzen Sie alles, was Sie haben dürfen und was durch die Konzentration darauf in Ihr Leben kommt.

Sie sind unermesslich mächtig, und jetzt wissen Sie auch warum. Wissen ist Macht. Die wahre Macht, die Sie durch den Anschluss an die Quelle haben, ist mächtiger als Millionen, die nicht verbunden sind.

So, umarmen Sie Ihre Macht und Fähigkeit, sich selbst zu beeinflussen und alles, was da ist!

Wie?

Es ist einfach.

Seien Sie Ihr wahres Selbst.

Haftungsabschluss: Dieses Buch wurde nur zur Information und Motivation geschrieben. Der Inhalt dieses Buches ist die alleinige Meinung und Überzeugung des Autors und nicht für eine psychiatrische Behandlung gedacht. Die Informationen in diesem Buch wurden weder von einem Arzt noch von einem Psychiater geschrieben. Sie sollten zuerst eine Beratung eines Arzt oder eines Psychiaters in Anspruch nehmen. Weder der Autor noch der Verlag haften für emotionale, psychische, physische, wirtschaftliche oder finanzielleFolgen und kommen auch für keinerlei Schäden auf. Sie sind selbst für Ihr Vorgehen und Ihre Entscheidungen verantwortlich und damit auch für alle daraus resultierenden Ergebnisse. Die Informationen, die in diesem Buch bereitgestellt wurden, sind darauf ausgerichtet, hilfreiche Lektionen bezüglich des diskutierten Themas zu vermitteln. Dieses Buch ist nicht dafür gedacht und es sollte auch nicht dafür verwendet werden, um irgendwelche Diagnosen zu stellen oder irgendwelche medizinischen Handlungen vorzunehmen. Um eine Diagnose zu erhalten, suchen Sie bitte einen Therapeuten oder einen Psychiater auf. Der Verlag und der Autor übernehmen keine Verantwortung für keinerlei medizinische Behandlung, die angewendet wird und haften auch für keinerlei Schäden oder negative Konsequenzen aufgrund von irgendwelchen Handlungen, die dem Leser beim Befolgen der Ratschläge in diesem Buch entstehen könnten. Die Aussagen dienen nur informellen Zwecken und beinhalten keinerlei Empfehlung für Internetseiten oder andere Quellen. Leser sollten beachten, dass sich die Internetseiten, die in diesem Buch erwähnt werden, ändern können.

17020511R00091

Printed in Poland
by Amazon Fulfillment
Poland Sp. z o.o., Wrocław